AF094148

www.ingramcontent.com/pod-product-compliance
Lightning Source LLC
LaVergne TN
LVHW020443070526
838199LV00063B/4836

9789358725537

یادیں

(خاکے)

مصنف:

سید مجاور حسین رضوی

© Taemeer Publications LLC
YAADEIN (Khaake)
by: Syed Mujawir Husain Rizvi
Edition: October '2023
Publisher & Printer:
Taemeer Publications LLC (Michigan, USA / Hyderabad, India)

ISBN 978-93-5872-553-7

مصنف یا ناشر کی پیشگی اجازت کے بغیر اس کتاب کا کوئی بھی حصہ کسی بھی شکل میں بشمول ویب سائٹ پر اَپ لوڈنگ کے لیے استعمال نہ کیا جائے۔ نیز اس کتاب پر کسی بھی قسم کے تنازع کو نمٹانے کا اختیار صرف حیدرآباد (تلنگانہ) کی عدلیہ کو ہو گا۔

© تعمیر پبلی کیشنز

کتاب	:	یادیں (خاکے)
مرتبہ	:	سید مجاور حسین رضوی
پروف ریڈنگ / تدوین	:	اعجاز عبید
صنف	:	غیر افسانوی ادب
ناشر	:	تعمیر پبلی کیشنز (حیدرآباد، انڈیا)
سال اشاعت	:	۲۰۲۳ء
صفحات	:	۱۲۶
سرورق ڈیزائن	:	امیمہ مکرم

فہرست

(۱) ستارہ جو غروب ہو گیا (اسرار ناروی / ابن صفی)	7
(۲) لیکن چراغ روشن ہے (کنور آغا زیدی)	16
(۳) ۔۔۔ٹوٹ گیا شاخ گل سے آخری پھول (کیفی اعظمی)	24
(۴) غالب شناس: کالی داس گپتا رضا	41
(۵) پروفیسر گیان چند جین۔ایک تاثر	65
(۶) ستارے کا سفر اجمل اجملی کی یاد میں	89
(۷) حکم چند نیر: یادوں کے چراغ	96
(۸) فراق کا وصال	117

تعارف

اردو ادب کے ایک عظیم ادیب، ناول نگار، صحافی، خانقاہ اردو کے مجاور نستعلیقی شخصیت پروفیسر سید مجاور حسین الہ آبادی (قلمی نام: ابنِ سعید) حیدرآباد سنٹرل یونیورسٹی کے شعبۂ اردو سے سبکدوش ہو کر لکھنؤ میں گوشہ نشینی کی زندگی گزار رہے ہیں۔

انہوں نے اردو ادب کا ایک طویل زمانہ دیکھا ہے اور جاسوسی و رومانی ناولوں سے دلچسپی رکھنے والی ایک نسل کی آبیاری کی ہے۔ وہ عہدِ قدیم کی یادگار ہیں، انہوں نے فراق گورکھپوری کو دیکھا ہی نہیں بلکہ ان کے شاگرد بھی رہے ہیں۔ پروفیسر اعجاز حسین، پروفیسر احتشام حسین، پروفیسر مسیح الزماں، پروفیسر عقیل رضوی، پروفیسر ملک زادہ منظور احمد، پروفیسر ڈاکٹر رفیق حسین وغیرہ جیسے سینکڑوں ادیبوں و شاعروں کے بہت قریب رہے ہیں۔ دبستان الہ آباد سے لے کر دبستان حیدرآباد تک کی تمام داستانیں، واقعات آج بھی وہ بڑے خوبصورت، دلنشین انداز و اسلوب میں ایسا بیان کرتے ہیں کہ آدمی بغور سنتا رہے۔

ان کے تحریر کردہ خاکوں پر مبنی اس کتاب "یادیں" کا مواد پروفیسر رحمت یوسف زئی نے فراہم کیا اور اعجاز عبید نے متن کی پروف ریڈنگ کے بعد اسے کتابی شکل میں تیار کیا ہے۔

(ا) ستارہ جو غروب ہو گیا (اسرار ناروی / ابن صفی)

۔۔۔روشنی جو باقی رہے گی

ایک اک کر کے ستاروں کی طرح ٹوٹ گئے
ہائے کیا لوگ مرے حلقۂ احباب میں تھے

ایسا محسوس ہوتا ہے جیسے ماہ و سال کی گردشیں تھم گئی ہیں۔ ماضی نے اپنے چہرے سے نقاب الٹ دی ہے اور یادوں کا کارواں آج سے ٹھیک ۳۳ سال پہلے اگست ۴۷ء پر آ کر ٹھہر گیا ہے۔ الہ آباد یونیورسٹی کے بی اے سال اول کے درجہ میں ڈاکٹر حفیظ سید اردو پڑھا رہے تھے۔ میں اگلی نشستوں پر بیٹھا ہوا تھا۔ ڈاکٹر صاحب کے ہاتھ میں چھڑی تھی۔ اس پر بائیں ہاتھ کو سہارا دیئے ہوئے وہ ٹھہر ٹھہر کر بولتے تھے۔ ان کے سر پر چاروں طرف حاشیہ کی طرح بالوں کے گچھے رہتے تھے۔ درمیانی حصہ بالکل صاف تھا۔ پیچھے گردن پر بال بے ترتیبی سے پڑے رہتے تھے جوش تقریر میں کبھی کبھی چھڑی اٹھا کر ہوا میں لہراتے تھے۔ اچانک مرے پاس بیٹھے ہوئے ایک طالب علم نے ٹھوکر دے کر کہا "ذرا دیکھئے۔ ہمارے "سر" کے پیچھے داڑھی ہے" جملہ اتنے زور سے کہا گیا تھا کہ میں تو چونکا ہی، کلاس میں بھی قہقہے گونجنے لگے۔ ڈاکٹر صاحب نے جب باز پرس کی تو بڑی معصومیت سے اس طالب علم نے کہا۔ "میں نے اپنے لئے یہ بات کہی تھی"۔ بعد میں معلوم ہوا کہ ان صاحب کا نام اسرار احمد ہے اور میرے محلے ہی میں رہتے ہیں۔ اس روز کے بعد سے نسبتاً بے تکلفی بڑھی۔ بہت خوش گلو تھے اس لئے اکثر احباب کی محفل میں

ان سے جذبی، مجاز اور اقبال کی غزلیں ترنم سے سنی جایا کرتی تھیں۔ جنوری ۴۸ء میں گاندھی جی کا حادثہ ہوا۔ میں اس زمانے میں الہ آباد کے ایک سہ روزہ اخبار "نیا دور" میں سب ایڈیٹر کی حیثیت سے کام کرتا تھا۔ اس کا "گاندھی نمبر" نکلنا تھا۔ صبح صبح دفتر جارہا تھا۔ اسرار صاحب نے راستے میں مل کر ایک نظم دی اور بغیر پڑھے ہوئے میں نے یہ فیصلہ کرلیا کہ اسے شائع نہیں کرنا ہے۔ اسے ردی کی ٹوکری میں ڈالنے سے پہلے یوں ہی سرسری طور پر نظر ڈالی تو ٹھٹھک کر رہ گیا۔ نظم کتابت کے لئے دے دی۔ لیکن شام کو ان سے بڑی سنجیدگی سے کہا۔ "اسرار صاحب وہ نظم اشاعت کے لئے دے دی گئی۔" کہنے لگے "شکریہ"۔ میں نے کہا "سمجھ لیجئے جس کی نظم ہوگی وہ مجھے اور آپ کو قبر تک نہ چھوڑے گا" بولے "کیا مطلب۔؟" تیوریاں چڑھ گئیں۔ میں نے کہا "مطلب یہ کہ کیا وہ آپ ہی کی ہے؟" بولے "پھر کس کی ہے؟" میں نے کہا "چرائی ہے" بولے "ثابت کر دیجئے تو پانچ روپے حاضر کروں گا۔ میں نے ایک شعر سنا کر کہا "یہ تو آپ کا نہیں ہے۔ یہ تو جوش یا فراق کا معلوم ہوتا ہے"۔ بولے "دکھا دیجئے۔ شاعری ترک کر دوں گا"۔ وہ شعر یہ تھا۔

لویں اداس، چراغوں پہ سوگ طاری ہے
یہ رات آج کی انسانیت پہ بھاری ہے

مگر میں جوش یا فراق یا کسی اور کے دیوان میں یہ شعر کہاں سے دکھاتا۔ اب ان کی حیثیت ہمارے حلقے میں اک شاعر کی تھی، ایسا شاعر جو فراق، سلام مچھلی شہری اور وامق جونپوری کے سامنے بیٹھ کر نظمیں سناتا تھا اور لوگ حیرت زدہ رہ جاتے تھے۔ اس زمانے میں یہ بھی انکشاف ہوا کہ سولہ برس کے تھے تو ۴۲ء میں ایک نظم لکھی تھی۔ اللہ نہ رو کو جانے دو۔ مجھے یہ نظم زبانی یاد تھی مگر سمجھتا تھا کہ شمیم کرہانی کی ہے۔ وہ نظم بھی اشاعت

کے لئے دے دی گئی۔ مگر کسی نے بھی دعویٰ نہ کیا اور اسرار صاحب ہی اس نظم کے خالق قرار پائے۔ مزے کی بات یہ تھی کہ وہ ایسے موضوعات منتخب کرتے تھے جن پر کسی نے قلم نہیں اٹھایا تھا۔ "مرگھٹ کا پیپل" "بانسری کی آواز"، "سنگتراش نے کہا"، "خوف کا میخانہ" وغیرہ۔ اس زمانے کے دو تین شعر یاد آ گئے۔

دکھائی دی تھی جہاں پر گناہ کی منزل
وہیں ہوئی تھی دل ناصبور کی تکمیل

بس اتنا یاد ہے اسرار وقت مئے نوشی
کسی کی یاد بھی آئی تھی دل کو سمجھانے

جو کہہ سکے وہی ٹھیرا ہمارا فن اسرار
جو کہہ نہ پائے نہ جانے وہ چیز کیا ہوتی

شاعر کی حیثیت سے تیغ الہ آبادی (مصطفیٰ زیدی) اور راہی معصوم رضا دونوں ہی ان کے معترف تھے۔ اسی زمانے میں ماہنامہ "نکہت" کا آغاز ہوا تھا۔ صبح سے شام تک بڑی دلچسپ صحبتیں رہتی تھیں۔ جس میں حسین حیدر صاحب مرحوم کی حیثیت صدر نشین کی ہوا کرتی تھی۔ حالانکہ وہ ہم سب کے بزرگ تھے اور برادر محترم عباس حسینی صاحب کے والد۔ مگر ہم سب لوگوں کے ادبی مشاغل میں بڑے انہماک و دلچسپی سے شامل ہوتے تھے۔ اسرار صاحب نے "ٹماٹر ازم" کے عنوان سے ایک طنزیہ سنایا۔ بہت پسند کیا گیا اور "طغرل فرغان" نام تجویز ہوا۔ پھر نکہت میں وہ "طغرل فرغان" اور "عقرب بہارستانی" کے نام سے طنزیہ مضامین بھی لکھنے لگے۔ الہ آباد سے ایک روزنامہ "نوائے ہند" نکلتا تھا۔ اس میں بھی "طغرل فرغان" کے نام سے مزاحیہ کالم لکھا کرتے

تھے۔ طنز و مزاح لکھنے والوں میں ابراہیم جلیس کے بہت مداح تھے اور شفیق الرحمان کا مذاق اڑایا کرتے تھے۔ کہتے تھے "لیکاک کی مسلّم فنٹیسی پر ہاتھ صاف کر دیتا ہے۔"

اب شاعری پس پشت چلی گئی۔ اسرار احمد جو نارہ ضلع الہ آباد کے رہنے والے تھے اور اس لحاظ سے اپنے کو اسرار ناروی لکھا کرتے تھے، طغرل فرغان ہو گئے۔ "نکہت" اور "نوائے ہند" کو ملا کر سو کے لگ بھگ طنزیہ مضامین لکھے ۵۱ء تک یہی کیفیت رہی۔ ایک روز انہوں نے ایک کہانی سنائی جسے سن کر بہت غصہ آیا اس لئے کہ وہ بہت فحش تھی۔ سناتے جاتے تھے اور غصہ بڑھتا جاتا تھا۔ لیکن کہانی کے اختتام نے منھ پیٹنے پر مجبور کر دیا۔ اس لئے کہ کہانی کا مرکزی کردار جسے ہم سب عورت سمجھ رہے تھے وہ ایک پالتو بلی ثابت ہوئی۔ ذہن میں ایک خیال آیا اور سکسٹن بلیک کی طرز پر اردو میں ایک جاسوسی ماہنامے کا منصوبہ تیار ہونے لگا۔ اس منصوبہ بندی میں بھیا (عباس حسینی)، جمال صاحب (شکیل جمالی) راہی اور حسن حیدر صاحب بھی شامل تھے۔ ان کا خیال تھا کہ راہی بہت اچھی جاسوسی کہانیاں لکھ سکتے ہیں۔ اس لئے کہ ہم لوگوں کے مقابلے میں وہ گارڈنر، پیٹر شینے، ایڈگر ویلس، اگاتھا کرسٹی وغیرہ کو بہت زیادہ پڑھا کرتے تھے۔ بڑی برق رفتاری کے ساتھ پڑھتے تھے اور لکھتے بھی تھے۔ لیکن راہی کو نظر انداز کر کے میں نے وکٹر گن کا ایک ناول منتخب کیا کہ اسی کو بنیاد بنا کر ایک کہانی لکھی جائے۔ یہ کام اسرار احمد کے سپرد ہوا۔ انہوں نے ایک ہفتہ میں ناول مکمل کر کے حوالے کر دیا اور اسے پڑھنے کے بعد راہی نے بھی جاسوسی ناول لکھنے کا خیال ترک کر دیا۔ جنوری ۵۳ء میں ناول نگار کا نام ابن صفی منتخب ہوا کہ اسرار صاحب کے والد کا نام صفی اللہ تھا اور اسی مہینہ میں جاسوسی دنیا کے پہلے شمارہ کی حیثیت سے یہ ناول شائع ہوا۔ اس ناول کا نام تھا۔ "دلیر مجرم" ۔ جس میں پہلی بار انسپکٹر فریدی اور سرجنٹ حمید روشناس کرائے گئے تھے۔ ایک ناول اور جو "پہاڑوں کی ملکہ"

کے نام سے شائع ہوا تھا، رائیڈر ہیگرڈ کے ناول "کنگ سالون مانے ئر" سے مستعار تھا۔ اس کے علاوہ انہوں نے تقریباً ڈھائی سو ناول لکھے۔ جو ان کے طبع زاد ناول تھے۔ ان ناولوں کی مقبولیت کے بارے میں کچھ لکھنا عبث ہے۔ صرف اتنا ہی عرض کیا جا سکتا ہے کہ ان کی فروخت اردو اور ہندی کے کسی ناول نگار کے ناولوں کے مقابلے میں بلا خوف و تردید سب سے زیادہ تھی اور اس کا راز ان کا منفرد طرز تحریر تھا۔ تجسس اور پراسرار واقعات سے بھرپور کہانیوں میں طنز کی شگفتگی اور مزاح کی چاشنی ایک سحر کارانہ کیفیت پیدا کر دیتی تھی۔ کسی بھی زبان میں لکھے گئے جاسوسی ناول پڑھئیے، یہ انداز تحریر نہیں ملے گا اور پھر ان سب پر مستزاد ایک باوزن باوقار دلکش زبان، واقعات میں نصیحت کا کہیں شائبہ نہیں۔ نہ جانے کتنے لوگوں نے ان کے ناولوں کے ذریعے اردو سیکھی، اردو پڑھنے کا ذوق حاصل کیا۔ ہندی میں ان کے ناولوں کا ترجمہ شائع ہوتا تھا۔ ابھی تقریباً ستر پچھتر ناول ایسے ہیں جو ہندی میں شائع نہیں ہوئے۔ وہ ہندی میں بھی اتنے ہی مقبول تھے جتنے اردو میں، البتہ ہندی میں ان کے دو کرداروں کے صرف نام بدلے ہوئے تھے۔ یعنی فریدی کی جگہ ونود اور عمران کی جگہ راجیش۔ حمید اور قاسم اپنے اصلی ناموں کے ساتھ ہی ہندی میں بھی ملتے ہیں۔ یوں تو طلسم ہوشربا کی طرح انہوں نے بے شمار کردار خلق کئے اور وہ سب اپنے محدود دائرے میں ذہن پر دیر پا اثرات چھوڑتے ہیں۔ لیکن حمید ان کا ایسا شاہکار کردار ہے جو فسانہ آزاد کے خوجی اور طلسم ہوشربا کے عمر عیار کی طرح ادب میں ہمیشہ زندہ رہے گا۔ یہ درست نہیں کہ ادبی حلقوں نے انہیں نظر انداز کیا۔ اردو میں آزادی کے بعد لکھے جانے والے ناولوں کے دور پر بہت کم لکھا گیا ہے پھر بھی ڈاکٹر اعجاز حسین نے "اردو ادب آزادی کے بعد" اور ڈاکٹر علی حیدر نے "اردو ناول سمت و رفتار" میں ان کا ذکر کیا ہے۔ پاکستان سے بیشتر نکلنے والے ناول نمبر یا ناولوں کے جائزے ان کے

تذکرے سے خالی نہیں ہیں۔ ان کی ادبی حیثیت اپنے منفرد اسلوب اور اپنی کردار نگاری کی بناء پر مسلم ہے۔ اگر انگریزی ادب کانن ڈائل اور اگاتھا کرسٹی کو ادب عالیہ کی کرسی عطا کر سکتا ہے تو اردو میں یہ جگہ صرف ابن صفی کے لئے مخصوص ہے۔ یوں تو ان کا ہر ناول بہت مشہور ہوا لیکن ان میں کچھ ایسے ہیں جو ہر جہت سے اس طرز کے بہت اچھے ناولوں کی صف میں عالمی ادب میں جگہ پانے کے مستحق ہیں۔ ان میں دشمنوں کا شہر، لاشوں کا آبشار، خوفناک ہنگامہ، شعلوں کا ناچ، پتھر کی چیخ، سائے کی لاش وغیرہ بہت اہم اور اچھے موضوعاتی ناول ہیں۔ یہ درست ہے کہ ان کے یہاں واقعات کی رفتار پر زیادہ زور دیا جاتا ہے۔ پورے منظر، پس منظر و پیش منظر کی تصویر کشی پر نہیں۔ لیکن ان کا شاعرانہ مزاج ان کا طنز سے بھرا ہوا نکیلا قلم کہیں کہیں عصری حسیت کو بھی اپنے دامن میں سمیٹ لیتا ہے۔ ان پر بہت کچھ لکھنے کی گنجائش ہے اور اگر موقع ملا تو ادارہ جاسوسی دنیا کی طرف سے شائع ہونے والے ابن صفی نمبر میں ان پر تفصیل سے لکھنے کی کوشش کی جائے گی۔

اسرار صاحب نارے کے رہنے والے تھے اور کائستھ نژاد مسلم تھے اور بڑے فخر سے کہا کرتے تھے کہ تم لوگ اتفاقی مسلمان ہو۔ ہم لوگ اختیاری مسلمان ہیں۔ ہمارے آباو اجداد نے سوچ سمجھ کر اسلام قبول کیا۔ ان کی والدہ دیوبندی عقائد رکھتی تھیں اور والد بریلوی مسلک کے ماننے والے تھے اور ان کے حلقہ احباب میں زیادہ تر اثنائے عشری۔ لیکن وہ بذات خود صرف مسلمان تھے۔ اور ان کی یہ خصوصیت ایسی تھی جس کی بناء پر ہر شخص بلا لحاظ عقیدہ ان کی عزت کرنے پر مجبور تھا۔ محلے میں ان کی حیثیت "امین" کی تھی۔ لوگ اپنی امانتیں رکھاتے تھے اور پھر لے جاتے تھے۔ ایک بار ایک صاحب نے ایک چھوٹا سا صندوقچہ رکھا۔ میرے سامنے ہی واپس لینے آئے۔ اس پر گرد

جمی ہوئی تھی۔ اسی عالم میں ان کا صندوقچہ انہیں واپس ملا۔ میں نے کہا" گرد تو صاف کر دی ہوتی" بولے" غور ہی نہیں کیا۔ اور پھر ایک ذرہ بھی اگر کم ہو تو وہ امانت میں خیانت ہے"۔

الہ آباد میں وہ مجیدیہ اسلامیہ کالج اور یادگار حسینی ہائر سکنڈری اسکول (جو اب کالج ہے) میں مدرس تھے اور بہت کامیاب۔ ان کے شاگردوں میں اجمل اجملی بہت مشہور ہوئے۔ الہ آباد میں پانچ سال ان کا ساتھ رہا۔ ان کے والد صاحب پاکستان ہی میں تقسیم سے قبل سے ملازم تھے۔ اسرار اگست ۵۲ء میں اپنی والدہ اور اپنی ہمشیرہ کے ہمراہ کراچی چلے گئے۔ الہ آباد ہی کے دوران قیام ہی ایک شادی ہوئی لیکن سال بھر بعد ہی ان کی اہلیہ کا انتقال ہو گیا۔ ان سے کوئی اولاد نہیں ہوئی۔ ۵۲ سے ۶۰ء تک ہم لوگ ایک دوسرے سے دور رہے۔ صرف خط و کتابت ہی کا سہارا تھا۔ ہر ہفتہ انتہائی پابندی سے خط موصول ہوتا تھا۔ خط اتنے دلچسپ ہوا کرتے تھے کہ پڑھنے میں ناول کا مزہ آتا تھا۔ میں ۶۰ء میں پاکستان گیا۔ میرے سامنے ہی وہ بیمار ہوئے اور یہ سلسلہ ۶۳ء تک چلا۔ ۶۱ء میں پھر میں پاکستان گیا اور ان سے ملا تھا۔ پچھلے ۱۹ سال سے انہیں نہیں دیکھا۔ مگر ایک لمحہ کے لئے بھی یہ محسوس نہیں ہوتا تھا کہ ہم دونوں کے درمیان کوئی فاصلہ ہے۔ وہ وسیع حلقہ احباب کے قائل نہ تھے اور بے تکلفی کی حد تک بھیا، جمال صاحب، راقم الحروف اور راہی کے علاوہ کوئی بھی ان کا "یار" نہ تھا۔ عام لوگوں کی نظر میں وہ بہت خاموش آدمی تھے۔ بلا ضرورت بات نہیں کرتے تھے اور دیکھنے والا بڑا معمولی تاثر لے کر اٹھتا تھا۔ ان کی شخصیت ملنے والے کو کشمکش میں مبتلا کر دیتی تھی۔ سانولا رنگ، کشادہ پیشانی، روشن چمکتی ہوئی آنکھیں، ابھرے ہوئے ہونٹ، بیضاوی چہرہ، لیکن وہ اپنے کردار عمران کی طرح اپنے چہرے پر حماقت طاری کر لیا کرتے تھے اور جب ملنے والا چلا جایا کرتا تھا تو یہ سوچ کر

مزہ لیا کرتے تھے کہ ان کے بارے میں کیا رائے قائم کی ہو گی۔ لیکن اپنے بے تکلف احباب کے لئے وہ زندگی کا ایک ناگزیر جزو بن کر رہ گئے تھے۔ ۲۴ گھنٹوں میں بلا مبالغہ ۱۲ گھنٹے ساتھ ہی گزرتے تھے میرے پاس نومبر ۷۹ء تک ان کے خطوط آتے رہے۔ ان کی علالت کی خبر سن کر بھیا نے اپنے چھوٹے بھائی جمال صاحب کو کراچی ان کی عیادت کے لئے بھیجا تھا۔ اس لئے کہ وہ خود ڈاکٹروں کی ہدایت کے مطابق لمبا سفر نہیں کر سکتے تھے۔ اپریل میں جمال صاحب ان کے ہاں ایک مہینہ رہ کر واپس ہوئے اور اسرار صاحب کے ساتھ گزارے ہوئے خوشگوار دنوں کی کہانی مئی جون تک میں روزانہ ان سے سنتا رہا، تصویریں دیکھتا رہا۔ اس خبر سے بڑا اطمینان ہوا کہ وہ اب رو بہ صحت ہیں۔ میرا پورا خاندان ان پاکستان میں ہے۔ ان لوگوں نے جولائی میں مجھے یہ اطلاع دی کہ اسرار بھائی اب پھر ناول لکھ رہے ہیں۔ مگر انہیں اب بھی خون چڑھایا جاتا ہے۔ میں نے بہت سخت خط لکھا۔ اس لئے کہ اتنے عرصے سے خون کا چڑھایا جانا کوئی اچھی علامت نہ تھی اور اس پر سے کام کا جاری رہنا۔ میرے خط کا جواب نہیں آیا۔ پہلی اگست کو ایک شاگرد نے بتایا کہ اخبار میں ابن صفی کے انتقال کی خبر چھپی ہے۔ الہ آباد اور کراچی سے تصدیق کرائی۔ دل چاہتا تھا کہ خبر غلط ہو۔ مگر دل دھڑکتا بھی تھا۔ چھ تاریخ کو دونوں جگہ سے خبر کی تصدیق ہو گئی۔ ۲۵ جولائی کو انتقال ہوا۔ ۲۶ کو دفن کئے گئے۔ مرنے سے دو روز پہلے مجھے خط لکھا تھا۔ کیا لکھا ہو گا۔ خدا جانے۔ مجھے آج تک وہ خط نہیں ملا۔

۶۰ء میں جب وہ پہلی بار بیمار پڑے تھے تو ڈاکٹروں کی دوا سے کوئی فائدہ نہ ہوا تھا۔ حکیم اقبال حسین کے علاج سے صحت یاب ہوئے۔ عارضہ جگر کی خرابی کا تھا۔ پھر ۱۶ سال بعد بیمار ہوئے، وہی دیرینہ بیماری اور کچھ برس پہلے ماں کی موت کا صدمہ، اپنی طرف سے لاپرواہی، سارے زمانے کی فکر۔ حکیم اقبال حسین بھی نہیں تھے جو مرض کو سمجھ سکتے۔

اب معلوم ہوا کہ بلڈ کینسر تھا۔

کراچی پہونچ کر ایک شادی کی جن سے ۴ لڑکے اور ۴ لڑکیاں ہیں۔ پھر عقد ثانی بھی کیا لیکن ان سے کوئی اولاد نہیں ہوئی۔ بڑی لڑکی کی شادی ہو چکی ہے۔ ایک لڑکا اٹلی میں زیر تعلیم تھا۔ یقیناً اس وقت جب انہوں نے آخری بار اس دنیا پر نظر ڈالی ہو گی تو یہ سب رہے ہوں گے۔ مجھے یقین ہے کہ ان کی نگاہوں نے بھیا، ننھے، محبن کو ضرور تلاش کیا ہو گا اور آج ان تینوں کی آنکھیں ہمیشہ کے لئے نمناک ہو چکی ہیں۔ ایک لمحہ بھی ایسا نہیں گزرتا جب وہ قہقہہ لگاتا ہوا، سرگوشیاں کرتا ہو، نظمیں سناتا ہوا، کہانیاں لکھتا ہوا، نظروں کے سامنے بیٹھا ہوا دکھائی نہ دیتا ہو۔ میں ۷ اگست سے تا دم تحریر بیمار رہا لیکن بیمار نہ بھی ہوتا تو شائد اس پر کچھ لکھ نہ پاتا۔ ایسا لگتا ہے جیسے وہ اس دنیا سے نہیں گیا، ہم سب کے قلم بھی ساتھ لیتا گیا، ہونٹوں پر بکھیرنے والی مسکراہٹ بھی لیتا گیا اور پلکوں پر لرزنے والا ستارہ دے گیا۔

(۲) لیکن چراغ روشن ہے
(کنور آغا زیدی کی یاد میں)

زندگی جن کے تصور سے جلا پاتی تھی
ہائے کیا لوگ تھے جو دام اجل میں آئے

۱۹۳۶ء میں جارج پنجم کی سلور جوبلی منائی جا رہی تھی۔ ایک طرف جوش ملیح آبادی للکارتے ہوئے کہہ رہے تھے۔

آپ سے کیوں کر کہیں ہندوستان پر ہول ہے
آپ کا نام آگ ہے اور کانگریس پٹرول ہے

دوسری طرف دربار مشرق جون پور کے قصبہ مچھلی شہر میں انیس بیس برس کا نوجوان سیاہ شیروانی پہنے ہوئے کچھ لڑکوں کے ساتھ تحصیل کی طرف ایک ارتھی لیے جا رہا تھا۔ ارتھی جارج پنجم کی تھی!

مردہ باد اور ہائے ہائے کے نعروں کے درمیان یہ ارتھی تحصیل کے سامنے والی مسجد اور اسکول کے درمیان پھونک دی گئی۔ اتنے میں دروغہ ہلدر صاحب چار سپاہیوں کے ہمراہ آیا۔ مگر اتنا بڑا مجمع تھا کہ سپاہی لاٹھی نچا کر رہ گئے اور نوجوان بے خوفی سے للکارتا رہا۔ صرف انگریز کو نہیں زمین داروں کو بھی۔ اور یہ نوجوان کوئی اور نہیں۔ راجا ابو الحسن کے بیٹے آغا زیدی تھے۔ چوں کہ یہ چھوٹے بیٹے تھے۔ اس لئے کنور کہلاتے تھے اور بڑے لڑکے راجا ابرار کے نام سے مشہور تھے۔ عام طور سے بزرگوں میں آغا بھائی کا

مذاق اڑایا جاتا تھا۔ اول تو ان میں زمینداروں کے کوئی لچھن نہ تھے۔ وہ کھدر پہنتے تھے، گورنمنٹ کے خلاف تھے۔ پاسی، دھنیا، رنگریز اور جلاہوں سے ملتے تھے! غضب خدا کا! اندھیر تھا!

ان کے بارے میں بتایا جاتا تھا کہ وہ ہندو ہو گئے ہیں اور عنقریب چوٹی رکھ کر تلک لگائیں گے۔

میں ان کی انگلی پکڑے چلتا تھا اور جرح بھی کرتا تھا غالباً اس وقت بھی "بقراطیت" تھی۔ آغا بھائی کے ساتھی مقبول چچا تھے جو ہمارے محلے کے تھے اور "کم آتے" تھے مگر آغا بھائی ان سے برابری کا برتاؤ کرتے تھے۔ وہ ہم لوگوں کو "گولی" دلاتے تھے۔ جسے ہم لوگ انگریزی مٹھائی کہتے تھے اور آغا بھائی کی ڈانٹ کھاتے تھے۔ وہ کہتے تھے، "گولی" ہے ہم لوگ کہتے تھے۔ نہیں انگریزی۔۔۔ مگر جملہ پورا ہونے سے پہلے وہ انگریزی مال بائیکاٹ کا نعرہ لگاتے تھے۔ بہت بعد میں انہوں نے سمجھایا تھا کہ نوجوان نسل کو گولی سے کھیلنے کی عادت بچپن سے ہی ڈالنی چاہیئے۔ گولی کھانا ہو یا گولی سے کھیلنا ہو۔ دونوں میں کوئی فرق نہیں ہے۔ جو گانے ہمیں یاد کراتے تھے وہ کچھ اس طرح کے تھے

کنجی کو کمر بند سے زنہار نہ باندھو
ڈرتی ہے بہت لوہے سے سرکار ہماری

اور

بول گئی مائی لارڈ ککڑوں کوں
ایک "صاحب" چیخ چیخ کہتے یوں

اس وقت کے بزرگ کانگریسی رہنما رؤف جعفری صاحب انہی کی پارٹی کے تھے مگر پھر بھی دونوں کے راستے الگ سے تھے۔ کیوں الگ تھے۔ یہ بعد میں معلوم ہوا۔ راج

دیو سنگھ اور گوپال داس کا نام ضرور سننے میں آتا تھا۔

پھر وقت گزر گیا مجھے نہیں معلوم کہ وہ کہاں گئے۔ میں تو پورے یوپی میں اپنے پولیس انسپکٹر بہنوئی کے ساتھ گھومتا رہا۔ البتہ ایک سال محرم میں سنا تھا کہ آغا بھائی امام باڑے میں ماتم کرتے ہوئے بیہوش ہوگئے۔ اگست ۴۲ء میں ہی معلوم ہوا کہ آغا بھائی نے سلطان پور / جون پور پرانی ریلوے لائن اڑوادی۔ میرے ایک بھائی سید افتخار حسین کی عرفیت بھی آغا تھی۔ وہ اس وقت ڈپٹی کلکٹر تھے۔ سنا کہ انہوں نے بادشاہ پور میں گولی چلوادی۔ پچھلی شب میں دونوں "آغاؤں" کا تذکرہ ہوا کرتا تھا۔ پھر میں گورکھ پور چلا گیا۔ پنڈت نہرو کی سربراہی میں جب عبوری حکومت بنی تب ۱۹۴۹ء کے اواخر میں ایک خبر نظر سے گزری کہ نوجوان سوشلسٹ لیڈر آغا زیدی رہا کردیئے گئے۔ جب الہ آباد آیا تو وہ لکھنؤ میں تھے۔ لیکن ایک روز وہ گھر آگئے۔ ناسک سشن میں شرکت کے لئے جا رہے تھے۔ اسٹیشن پر پہلی اور آخری بار ان کی وجہ سے میں نے پورنیا بنرجی کو دیکھا تھا اور آج تک یہ سوچتا ہوں کہ

یہ کلی بھی اس گلستان خزاں منظر میں تھی

اس کے بعد سے کسی نہ کسی نہج سے ان سے ملاقات ہوتی رہی۔ آخری بار انہیں اپریل ۹۳ء میں دیکھا تھا۔

۴۲ء میں ۸! اگست کو انہوں نے بھی کرنے اور مرنے کی قسم کھائی تھی وہ کانگریس میں آچاریہ نریندر دیو کے زیر اثر سوشلسٹ تحریک سے وابستہ ہوگئے تھے۔ اسی زمانے میں وہ بابو سمپورنانند کے قریب آئے جنہیں آغا بھائی اپنا مرشد سمجھتے تھے۔ انہوں نے یہ بتایا تھا کہ آندولن کے زمانے میں انہوں نے بمبئی میں ڈاکٹر رام منوہر لوہیا کی پلاننگ کے مطابق اپنی جان کی پرواہ نہ کرتے ہوئے اسلحہ کی برٹش فیکٹری پر بم مار دیا تھا۔

وہ غالباً دو بار ایم۔ ایل۔ سی رہے دوسری بار تو یقیناً ۶۹ء میں ایم۔ ایل۔ سی ہوئے تھے۔ لیکن یہ عہدے اور منصب ان کی شخصیت سے میل نہ کھاتے تھے۔ ان کا باغیانہ مزاج اقتدار سے دور بھاگتا تھا۔

۴۷ء کے بعد حالات میں جو تبدیلی آئی تھی اور جس طرح مسلمان محرومی اور مایوسی کا شکار ہو گئے تھے، اس سے آغا بھائی بہت بد دل تھے۔ ان کا خیال تھا کہ ہندوستان مسلمانوں کا بھی اسی طرح وطن ہے جس طرح ہندو سکھ اور عیسائیوں کا ہے۔ اس زمانے میں مسلمانوں کو یہ طعنہ بہت آسانی کے ساتھ دے دیا جاتا تھا کہ وہ پاکستانی ایجنٹ ہیں۔ آغا بھائی پر اس کا بہت سخت رد عمل ہوتا تھا۔ ان کے سامنے تو خیر کسی کی کیا ہمت تھی کہ اس طرح کی لغوبات کر پاتا لیکن کبھی لوگ ان کے پاس جب یہ شکایت لے کر آتے تھے تو وہ شکایت کنندہ پر بڑی زور سے برہم ہوتے تھے اور یہ کہتے تھے کہ تم نے یہ سن کر برداشت کیوں کیا؟ اور اسے مارا کیوں نہیں!

ان کا مزاج استقراری تھا اور فوری طور پر رد عمل ہوتا تھا اور پھر وہ نارمل ہو جاتے تھے۔ ان کے اندر ہر طرح کے سخت حالات کو برداشت کرنے کی جو غیر معمولی صلاحیت تھی۔ اس کا اکثر و بیشتر مظاہرہ بھی ہوتا تھا۔ اس کی وجہ سے ان کے اندر سمجھوتہ کرنے کے بجائے حالات سے لڑنے کا ایک غیر معمولی رجحان تھا۔

وہ برٹش سرکار سے لڑے، کانگریس کے اندر سوشلسٹ گروپ سے وابستہ رہے اور یوپی میں برسر اقتدار گروپ سے نبرد آزمارہے۔ خصوصاً جون پور میں رؤف جعفری اور ٹھاکر ہر گوبند سنگھ جو گپتا جی کے اہم ترین لفٹننٹ شمار ہوتے تھے، ان سے آغا بھائی کے معرکے یادگار حیثیت رکھتے ہیں۔ ۶۹ء میں جب اندرا جی وی۔ وی گری کے الیکشن کے سوال پر الگ ہوئیں تو انہوں نے اندرا جی کا ساتھ دیا حالانکہ یوپی میں گپتا جی اقتدار کی

مضبوط کرسی پر تھے۔ وہ کچھ دنوں یو پی سی سی کے جنرل سکریٹری رہے اور ان کا شمار محترمہ راجندر کماری باجپئی کے گروپ میں ہوتا تھا۔ پھر وہ بہوگنا جی کے دور وزارت میں ڈپٹی منسٹر بھی رہے -لیکن یہ ڈپٹی منسٹری ان کے لئے بڑی تکلیف دہ تھی وہ ٹھیٹ مچھلی شہری لہجہ میں منسٹری کو دو تین گالیوں سے سرفراز کرتے ہوئے مجھ سے یہ کہا کرتے تھے کہ میں قید ہو کے رہ گیا ہوں اور ان کو جیسے ہی موقع ملتا تھا وہ سرکاری گاڑی چھوڑ کر میرے ساتھ پیدل یا رکشے پر امین آباد کی طرف نکل جاتے تھے۔ وہ پی ڈبلیو ڈی کے محکمہ میں تھے -یہ محکمہ شہد کا چھتا ہوتا ہے، یعنی باصلاحیت ہو تو پورا شہد نچوڑ لے اور اگر نہیں تو مکھیوں سے بجائے خود بھاگنا بھی چاہے تو نہ بھاگ سکے۔ آغا بھائی باصلاحیت تو نہ تھے لیکن شہد کی مکھیاں بھی انہیں نہ کاٹ سکیں۔

۷۴ء کے الیکشن میں کانگریس کے وہ اس گروپ کے ساتھ تھے جس گروپ میں رگھوناتھ ریڈی، کرانتی کمار وغیرہ تھے۔ بہت سارے لوگوں کو انہوں نے ٹکٹ بھی دلوایا۔ الیکشن میں کامیاب بھی ہوئے لیکن بہوگنا جی نے انہیں منسٹر نہیں بنایا۔ اس وقت وہ بہوگنا جی کے خلاف تھے۔ لیکن جب ایمرجنسی نافذ ہوئی اور بہوگنا جی وزیر اعلیٰ نہیں رہے تو وہ بہوگنا جی کے ساتھ تھے۔ ۷۷ء میں وہ بہوگنا جی کے ساتھ جنتا پارٹی میں شامل ہوئے۔ لیکن الیکشن میں سیاسی ریشہ دوانیوں کا مقابلہ نہ کر سکے اور انہیں جنتا پارٹی کے ہی اہم لوگوں نے بالخصوص ایک برادری نے ووٹ نہ دے کر ہرایا۔ حالانکہ اس برادری کے لوگ دل و جان سے جنتا پارٹی میں شامل تھے۔ ۸۰ء میں وہ پھر کانگریس میں آگئے تھے۔ لیکن ۸۰ء ہی میں ان پر فالج کا حملہ ہوا اور پھر ایک طرح سے وہ زندہ لاش بن کر رہ گئے تھے۔ یہ پہلا موقع تھا جب انہوں نے مجبوراً اپنی باغیانہ شخصیت کو کچل دیا تھا اور مرض سے سمجھوتہ کر لیا تھا- اس کے بعد میں جب بھی ان کے پاس گیا، وہ مجھ سے بہت

کچھ کہنا چاہتے تھے لیکن نہ زبان ساتھ دیتی تھی اور نہ الفاظ۔ ہو سکتا ہے یہ کہنا چاہتے ہوں کہ ان کے سارے دوست بلکہ سیاسی مخالف بھی ان سخت حالات میں ان کے ساتھ ہیں۔ ماتا پرشاد جی (موجودہ گورنر اروناچل پردیش) تو گویا ان کے جسم کا ایک حصہ تھے اور بہت سارے لوگ برابر ان سے ملتے رہے۔ شاید وہ صحت مند رہتے تو بہوگنا جی کی COMMITED POLITICS (اس لفظ کو وہ بہت استعمال کرتے تھے) کے بے حد مداح اور قدر دان تھے۔ بہوگنا جی اور راجیندر جی نے بھی اپنے تعلقات نبھائے اور بڑے شاندار طریقے سے نبھائے، خصوصاً ماتا پرشاد جی نے۔ لیکن حیرت انگیز طور پر نرائن دت تیواری جی بھی ان کے مداح رہے۔

اور نہ جانے کتنے نام ہو سکتے ہیں جو لیے جا سکتے ہیں۔ وہ مجھے بے حد عزیز رکھتے تھے۔ اس کا ایک ثبوت یہ بھی تھا کہ جب اور جن لوگوں نے میرا ساتھ دیا ان کو بھی انہوں نے اتنا ہی عزیز رکھا، جیسے انوار احمد صاحب۔ میں جب اپریل میں ان سے ملا تو وہ محمود سے اشاروں میں بار بار یہ کہہ رہے تھے کہ مجھے چائے دی جائے، چائے دی گئی یا نہیں۔ اس وقت وہ اپنی وجیہہ شخصیت کی پرچھائیں معلوم ہو رہے تھے۔ اس لئے کہ ان کے اندر ایک غیر معمولی کشش تھی۔ جبڑے کی ساخت، موٹی کمانی والا چشمہ، کشادہ پیشانی دو یا تین بار انہیں بند گلے کے کوٹ اور پتلون میں دیکھا گیا ورنہ زیادہ وہ شیروانی اور ڈھیلی مہری کے پائجامہ میں رہتے تھے۔ گھر میں بھی کھدر کا کرتا پائجامہ چلتا تھا۔ گاندھی ٹوپی ہمیشہ پہنتے تھے۔ لینن کے فلسفہ کے عاشق تھے مگر جوش کا مصرعہ برابر پڑھتے تھے۔

گاندھی کی شمع سرخ جلائے ہوئے ہیں آپ

پنڈت نہرو کے عاشق تھے اور ان کے خلاف ایک جملہ بھی نہیں سن سکتے تھے حالانکہ ۷۷ء میں وہ اندرا جی سے الگ ہوئے لیکن اندرا جی کے خلاف ان کی زبان پر کبھی

کلمہ سخت نہیں آیا۔

ادب سے انہیں دلچسپی تھی۔ شاید وہ بہت اچھا لکھ سکتے تھے لیکن انگریزی جیل میں ان کی انگلیاں توڑ ڈالی گئی تھیں اس لئے صرف دستخط کر پاتے تھے۔ زیادہ لکھنا ان کے بس میں نہیں تھا۔ لیکن انہوں نے بہت پڑھا تھا۔ ہندی ادبیات میں بھگوتی چرن ورما سے دیوانہ وار محبت رکھتے تھے۔ ہندی کے ایک اور بہت بڑے آدمی تھے امرت لعل ناگر۔ ایک بار مجھے بھی ان کے حضور میں کافی ہاؤس میں باریاب کرایا گیا تھا۔

اردو کے ادیبوں میں منشی پریم چند کو بہت بڑا ادیب سمجھتے تھے۔ سلام بھائی سے ہم وطن ہونے کی بناء پر بڑے اچھے روابط رہے۔ حالانکہ سلام بھائی کی شراب نوشی کی وجہ سے جو بہکنے کی عادت تھی اس سے نالاں بھی تھے۔ ڈاکٹر راہی معصوم رضا سے بڑی محبت کرتے تھے۔ ڈاکٹر عبدالحق (موجودہ صدر شعبہ اردو دہلی یونیورسٹی) کی ذہانت اور علمیت کا اکثر تذکرہ کرتے۔ آنند نرائن ملّا کا ایک شعر

نعرۂ گرم انقلاب ہاں سنا ہے ہم نے بھی
جام و سبو کے آس پاس دار و سن سے دور دور

اور کمال احمد صدیقی کا یہ شعر

کچھ لوگ جو خاموش ہیں یہ سوچ رہے ہیں
سچ بولیں گے جب سچ کے ذرا دام بڑھیں گے

بار بار سناتے تھے اور تقریروں میں بھی استعمال کرتے تھے۔
ان کا کوئی تذکرہ بھی چچی کے تذکرہ کے بغیر نامکمل رہے گا اس لئے کہ وہ قطعاً غیر سیاسی خاتون ہیں۔ ایک شریف خانوادے کی سیدھی سادی خاتون۔ حیرت انگیز طور پر انہوں نے اپنے کو آغا بھائی کے خیالات اور طرز زندگی سے ہم آہنگ کیا۔ یہ بہت بڑی

بات تھی۔ اکثر چچی نے جب ان کی مجھ سے شکایت کی تو انہوں نے برا نہیں مانا بلکہ صفائی دیتے ہوئے یہ سمجھانے کی کوشش کی کہ وہ جن حالات میں رہتے ہیں، ان حالات میں اسی طرح کی باتیں ہو سکتی ہیں۔ ان کی ایمانداری ،اصول پسندی، ان کا COMMITTED ہونا ملک کے لئے ان کا ایثار، قربانیاں دینے، گھر والوں میں ان کی ہر اک کے دکھ درد کو سمجھنے کی کوشش، وہ چاہے محمود ہو یا مسعود یا گڈو (محسن) یا نگار یا ٹوٹل یا پھر میں یا پھر ان کا بھانجا۔ وہ ہم سب لوگوں کے درمیان اس طرح رہتے تھے جیسے کہ ہمارے برابر ہوں، ہمارے دوست ہوں۔ وہ چھوٹے سے چھوٹے مسئلہ پر بھی نظر رکھتے تھے۔

اگسٹ کے مہینہ میں گاندھی جی نے کرو یا مرو کا نعرہ لگایا تھا اگسٹ ۴۲ء میں انہوں نے اس کا ایک رخ پورا کیا اور اگسٹ ۹۳ء میں اس کا دوسرا رخ بھی پورا کر دیا۔

اور وہ اب نہیں ہیں۔

میں نہیں سمجھتا کہ میرا یا ان کے بچوں کا جو ذاتی نقصان ہوا اسے کوئی بھی دنیاوی طاقت پورا کر سکتی ہے بلکہ اس صوبہ کا، اس پورے ملک کا جو نقصان ہوا اسے بھی شاید ہی کوئی پورا کر سکے۔ وہ ایسی ہی شخصیت تھے جو کھونے کا مزا جانتے تھے لیکن پانے کی لذت سے ہمیشہ نا آشنا رہے۔

(۳) ۔۔۔ٹوٹ گیا شاخ گل سے آخری پھول

(کیفی اعظمی)

اور کیفی شاخ گل کے آخری پھول تھے، ان کی تمنا تھی کہ وہ سوشلسٹ ہندوستان میں سفر آخرت کریں اور یہ بھی المیہ رہا کہ ان کا یہ خواب پورا نہ ہو سکا بلکہ جن اقدار کے لئے وہ ساری زندگی لڑتے رہے، جدوجہد کرتے رہے اور جو سیکولر سماج ان کی زندگی تھا اس کا المناک پہلو انہوں نے اس طرح دیکھا کہ جوئے خوں تھی جو سروں سے گزر رہی تھی۔ ان کا خواب اور اس کی تعبیر دراصل اس پوری نسل کا خواب تھا جس نے بیسویں صدی کی چوتھی دہائی تک آنکھیں کھولی تھیں اور اپنی پلکوں پر آزاد ہندوستان کے لئے حَسین خواب سجا رکھے تھے۔

اس عہد کے شاعروں کی طرح کیفی بھی اپنے خوابوں کا عکس جمیل اپنے خیالات کو زبان کا لباس پہنا کر ہندوستان کو دکھاتے رہے۔ تاریخ کے ہر موڑ پر انہوں نے خود کو عوام کے جذبات سے ہم آہنگ کرنا چاہا یا یوں کہئے کہ عوام کو اپنے احساسات تحفے کے طور پر دیئے۔ انہوں نے اپنے نظریات کے اظہار کے لئے شاعری اور تھیٹر کو وسیلہ بنایا تھا اور آخری سانس تک ان کی خطابت میں اقبال اور جوش کی خطابت میں بہت فرق تھا۔ اقبال کے پاس مکمل نظام فکر تھا وہ وکچھ کہنا چاہتے تھے اس کے لئے زمان و مکان کا پیمانہ بھی محدود ہو جاتا تھا۔ ان کی خطابت کا وصف یہ تھا کہ وہ سنی بھی جاسکتی تھی اور پڑھی بھی جاسکتی تھی۔ اس میں قاری گم نہیں ہوتا تھا بلکہ اسے ایسا لگتا تھا کہ اسے راستہ مل جائے گا۔

جوش کی خطابت سنین والی نہیں تھی، پڑھنے والی تھی۔۔۔ الفاظ کی ریشمی پھوار میں قاری کو مدہوش کر دینے والی۔

کیفی ان کیفیات کے شاعر ہن تھے، ان کے پاس جتنے قاری تھے اتنے ہی سامعین تھے اور اسی لئے وہ یہ جانتے تھے کہ ان کے قاری اور سامعین کیا کہنا چاہتے ہیں، وہ جو کہنا چاہتے تھے بس وہی آواز کیفی کے یہاں بھی ابھرتی تھی اور شعر کے سانچے میں ڈھل جاتی تھی۔

ایک خوبصورت لڑکی کو دیکھ کر ایک جوان مرد اس کے نازک جسم، نرم بانہیں، حَسین گردن، سیاہ گیسو، شگفتہ چہرہ، نشیلی آنکھیں، دمکتے رخسار وغیرہ وغیرہ کی بات کرے گا، کیفی کی رومانی شاعری میں بھی یہی کیفیت ہے۔ لیکن یہاں ان کی رومانی شاعری کے بجائے اس شاعری کا تذکرہ کرنا ہے جہاں ان کا ایک وصف انہیں انفرادیت عطا کرتا ہے۔

کیفی قاری کے شاعر، سامعین کے شاعر ہیں اور کہا جاتا ہے کہ ایسی شاعری وقتی اور لمحاتی ہوتی ہے۔ اس لئے کہ جب قاری بدل جاتے ہیں اور وہ سامعین نہیں رہتے تو شاعر جو کچھ کہہ چکا ہے اس میں کوئی معنویت نہیں رہ جاتی۔ اب آج کا قاری سرخ جنت، روسی عورت کا نعرہ یا اسٹالن کا فرمان اگر اسی طرح سے پڑھنے پر آمادہ بھی ہو جائے گا تو اسے وہ پروپیگنڈہ سے بھی بدتر کوئی شے معلوم ہو گی اور یہ بات صرف شاعری میں نہیں ہے بلکہ نثر میں بھی ایسی بہت سی تحریریں دھیرے دھیرے اپنے قاری کی یاد میں آنکھیں بند کر کے اونگھنے لگتی ہیں ان کی حیثیت صرف تاریخ کی ایک کڑی کی رہ جاتی ہے۔ مثلاً ناول نگاری کی تاریخ میں منشی پریم چند کہ ان کا نام لکھتے ہوئے قلم وضو رتا ہے آج ان کے گؤدان اور میدان عمل پڑھتے ہوئے اجنبیت اور بے تکے پن کا احساس ہوتا ہے۔ اب نہ

کہیں گوڈر، ہوری، دھنیا ہے۔ رائے صاحب تو ہیں، میتا اور مالتی بھی ہیں۔ مگر ان میں وہ حرکت نہیں ہے جو قاری کو ۱۹۴۵ء سے ۱۹۵۲ء تک پڑھتے ہوئے انہیں محسوس ہوئی تھی۔

اس لئے کہ ان میں اور ان سے بہت ہی کمتر درجہ کے ناولوں میں جہاں خطابت کو وسیلہ بنایا گیا تھا وہ خطابت باد سحر نہیں بلکہ اب یاد سحر بن کے رہ گئی ہے۔

مگر۔۔۔ ایسے موضوعات کی بھی اور ایسے واقعات کی بھی تاریخی حیثیت ہوتی ہے۔ تاریخ ماضی کا مقبرہ نہیں ہے کہ وہاں تخلیق کے مردے دفن ہوں بلکہ تاریخ میں زندگی نیم خوابیدہ سی ہوتی ہے اور جہاں ادبی تخلیق کا رشتہ تاریخ سے ہوتا ہے اور یہ تہذیبی رشتہ انسانی اقدار کی وراثت میں آجاتا ہے۔ اس میں ایسے اشارے ہوتے ہیں جو صداقت کی کرنوں کو بے حجاب دیکھتے ہیں تو پھر ایسی تخلیقات کے چاند کو کبھی گہن بھی نہیں لگتا۔ موضوعاتی، لمحاتی اور وقتی ہونے کے باوجود ان میں ایسی قوت ہوتی ہے جس سے زندگی کی رہنمائی ہوتی ہے۔

کیفی کی شاعری کا وہ حصہ جو "آخر شب" یا "جھنکار" میں ہے اس میں یقیناً ایسے موضوعات ہیں جو اپنی آب و تاب اب کھو چکے ہیں لیکن جہاں کیفی نے تہذیب کی جڑوں کو تلاش کر لیا ہے اور تہذیبی تاریخ کی علامتوں سے اپنا رشتہ استوار کر کے انہیں جگہ دی ہے تو اس کی وجہ سے ان کی شاعری میں ایک طرح کی صلابت اور پائیداری کا احساس ہوتا ہے۔

اس آگہی میں تاریخ کا وہ رخ ہے جس کا سلسلہ تہذیب سے جا کر ملتا ہے۔ یہاں تہذیب سے مراد رہن سہن اور معاشرت نہیں ہے بلکہ یہاں تہذیب سے مراد ہیں اب کے سر چشمے۔ چنانچہ ویت نام کا حادثہ سانحہ یا واقعہ کسی زمانے میں بہت اہم سمجھا جاتا تھا، لیکن اب اسے لوگ بھول چکے ہیں مگر استعارے کے جادو سے صرف گزرا ہوا زمانہ نہیں

بلکہ آج بھی اور آنے والے دور میں بھی کہیں ویت نام کا ذکر اس طرح ہو گا تو وہ قاری کے دل کے تاروں کو مرتعش کر دے گا۔

جاؤ وہ ویت نام کے جنگل

اس کے مصلوب شہر، زخمی گاؤں

جن کو انجیل پڑھنے والوں نے

روند ڈالا ہے پھونک ڈالا ہے

جانے کب سے پکارتے ہیں ہمیں

اب یہاں مصلوب شہر، ویت نام کے جنگل، انجیل پڑھنے والے یہ سب ایک مخصوص فضاء آفرینی کرتے ہیں۔ ویت نام ہمیں یاد نہ ہو مصلوب شہر اور انجیل پڑھنے والے یاد رہیں گے۔

کیفی کے استعارے اور ان کا تہذیب سے رشتہ ایسی دنیا کی تخلیق کرتا ہے جو حال میں تو رواں دواں تھا مگر یہ دنیا حال کو مستقبل سے جوڑتی چلی جاتی ہے۔

اب یہ بند دیکھئے

تم ہن ہوتے تو اس ستارے میں

دیوتا، راکشس، غلام، امام

پارسا، رند، راہبر، رہزن

برہمن، شیخ، پادری، بھکشو

سب ہی ہوتے مگر، ہمارے لئے

کون چڑھتا خوشی سے سولی پر

اب یہاں دیکھئے تین مصرعے! جوش ملیح آبادی جس طرح الفاظ کے پھولوں کی چادر

بنتے ہیں بالکل وہی آہنگ ہے لیکن آخری مصرع بند کا سانچہ ہی بدل دیتا ہے۔

سولی پر چڑھنے والا وہی مصلوب اب کندھے پر اپنی صلیب اٹھائے، کانٹوں کا تاج پہنے، مقتل کی طرف بڑھتا ہوا نظر آتا ہے۔ یہاں بھی تہذیب کا وہ رخ موجود ہے جسے مذہب کہا جاتا ہے اور "تم" و تنشار الیہ ہے سولی پر چڑھنے والے اشارہ کا وہ ہنگامی اور موضوعاتی نہیں ہے اور اسی وجہ سے یہ بند جب پڑھا جائے گا تو اسے بدلا ہوا قاری نہیں ملے گا۔

مذہب۔۔۔ کیفی کے یہاں ایسی قدر نہیں ہے جس سے استہزاء اور تضحیک کا رشتہ رکھا جائے۔ اگر جذبات کی دھڑکنیں ہیں تو بھی وہ مذہب سے پس منظر مانگ لیتی ہیں اور یہ پس منظر پورے منظر کو زندہ، جان دار اور متحرک بنا دیتا ہے۔

یہ بند ملاحظہ ہو

یا بج رہی ہوں جھٹپٹے میں مندروں کی گھنٹیاں
یا منھ اندھیرے دور سے آتی ہو آواز اذاں
یا بند کر دے جھینپ کر خلوت کی کوئی کھڑکیاں
اور بج رہی ہوں چوڑیاں
اے بنت مریم گنگنا
اے جان نغمہ گائے جا

یہاں مندروں کی گھنٹیاں اور آواز اذاں دونوں کا ایک ساتھ تذکرہ ملک کی مشترکہ تہذیب کی طرف نہایت حسین اشارہ ہے۔ دوسری طرف مندروں کی گھنٹیاں بجنے کے پس منظر میں پوجا کے سارے آداب ولوازم اور آواز اذاں کے ساتھ عبادت کے سارے مراحل نظروں کے سامنے آجاتے ہیں، ان میں ہنگامی قدر نہیں ہے اس کا خوبصورت

تجزیہ شارب ردولوی نے کیا ہے جسے "کیفی کے شعری سفر" میں دیکھا جاسکتا ہے۔
کیفی اپنے استعاروں کی جڑیں روایتی شاعری کے استعاروں سے مستعار لے کر انہیں نئی معنویت دیتے ہیں اس طرح کی ترکیبیں، استعارے تشبیہیں یا تلمیحیں زندہ رہنے والی ہیں۔

ان اندھیروں نے جب پیں ڈالا مجھے
پھر اچانک کنویں نے اچھالا مجھے
اپنے سینے سے باہر نکالا مجھے
سینکڑوں مصر تھے سامنے
سینکڑوں اس کے بازار تھے
ایک بوڑھی زلیخا نہیں
جانے کتنے خریدار تھے
بڑھتا جاتا تھا یوسف کا مول
لوگ بکنے کو تیار تھے

یہاں یوسف، چاہ، مصر کا بازار، زلیخا، یہ تلمیحیں اور اس کا علامتی نظام اسے اس وقت تک زندہ رکھے گا جب تک تذکرہ یوسف زندہ رہے گا۔ قاری مجبور ہے کہ جب ان مصرعوں کو پڑھے گا تو وہ ساری تاریخ یاد آتی ہے اور وہ اپنے خیالات و افکار کے باغ ارم کو سجاتا اور سنوار تار ہے۔

ان کی ایک نظم ہے "نوجوان" اس کا ایک بند دیکھئے:

بستیوں میں کوئی رونق ہے نہ میدانوں میں
گلستاں خاک بستر پھرتے ہیں ویرانوں میں

خار ہی خار ہیں تعمیر کے گلدانوں میں
قحط کے ڈھیر لگا رکھے ہیں کھلیانوں میں
کبھی کاٹے تھے انگوٹھے تری عیاری میں
آج بازو بھی قلم کر دیے بیکاری میں

ان مصرعوں کو پڑھتے ہوئے جب انگوٹھے کاٹنے کا ذکر آتا ہے تو ذہن اٹھارہویں صدی کے آخری اور انیسویں صدی کے ابتدائی دور میں پہنچ جاتا ہے جب برٹش گورنمنٹ جنہوں نے ہندوستانی صنعت کو اس طرح عروج پر پہنچا دیا تھا کہ ڈھاکے کی ململ سے مانچسٹر کے کارخانے کانپتے تھے، دست کاران پر چاند اور ستارے ٹانک کر ان کا مقابلہ بزم انجم سے کرتا تھا۔ یہ جامدانی بنانے والے تھے جنہوں نے اپنے فن کو حیات جاودانی عطا کی تھی۔ یہ ساری تاریخیں اسی ترتیب سے نظروں کے سامنے گھوم جاتی ہیں۔ اسی طرح دوسری ترکیب بازو کا قلم ہونا۔ یہ استعارہ براہ راست ایسے کردار کی طرف اشارہ کرتا ہے جس کی کامیابی سے خائف ہو کر فریبی اور مکار دشمن نے گھات لگا کر بازو قلم کر دیے اور اس کی کامیاب کی راہ مسدود کر دی۔ اب اس تناظر میں بے کاری کے ہاتھوں بازو کے قلم ہونے کا استعارہ دیکھئے۔

کیفی نظریاتی اعتبار سے مارکسزم کو سیاسی حربے کے طور پر اپنی شاعری میں استعمال کرتے رہے لیکن ایک وقت وہ بھی آیا جب آپسی اختلاف نے پوری کمیونسٹ تحریک کو پارہ پارہ کر دیا اور گورہاچوف کی گرب پالیسی نے پورے اشتراکی نظام کے معبد کو ڈھا دیا اور ایسا ڈھایا کہ سردار جعفری کو لکھنا پڑا:

الوداع! اے سرخ پرچم الوداع

کیفی نے بہت پہلے اس گوشے کی نشاندہی کی تھی حالانکہ یہ ہنگامی موضوع تھا مگر یہ

چار مصرعے دیکھئے

روس سے دست و گریباں ماؤ وادی چین سے
وولگا سے بدگماں پولینڈ کی ہے آب جو
ہو رہا ہے آئے دن تازہ تضادوں کا ظہور
بے زوال آمادہ لینن کا جہان آرزو

یہ پوری تاریخ ہے، ایسی تاریخ جس نے خود اپنے کندھے پر اپنی لاش اٹھا کے ماضی کی دیوار کے نیچے دفن رکھ دی، اب نہ تو چین ماؤ وادی رہ گیا ہے، نہ پولینڈ میں گومل کارہ گئے ہیں نہ لن پیاؤ اور ماؤزے ڈینگ کی نظریاتی بندوقیں رہ گئیں، کہیں کہیں دہشت گردی کے سلسلے میں ان کے نام آ جاتے ہیں، لیکن لینن کے جہان آرزو کی ترکیب ہمیشہ زندہ رہنے والی ہے اور اس ترکیب کے پس منظر میں وہ تہذیبی انقلاب، وہ رقص شرر کی طرح سے کچھ آشفتہ مغز اور کچھ آشفتہ مو افراد کا حُسن کے معیار کو بدلنے کی کوشش کا اور جمالیات کے نئے زاویے کی تخلیق کرنا، پہلی جنگ عظیم کے بعد، ٹراٹسکی کا عروج و زوال، اسٹالین سے لیکر خروشچوف تک کا عہد۔ گورکی، ایلیا اہرن برگ، مرزا ترسون زادے اور ایسے ہی نہ جانے کتنے نام فوراً ابھر آتے ہیں جو لینن کے جہان آرزو کی تعمیر میں لگے اور جنہوں نے تراشیدم پرستیدم اور شکستم کا بڑا اچھا نمونہ پیش کیا ہے۔

ان کی پرانی نظموں میں بھی جہاں کہیں انہوں نے تاریخ سے استفادہ کر کے استعارے تراشے ہیں وہ ادبی توانائی کے نمائندہ بن جاتے ہیں اب یہ مصرعے وقتی اور لمحاتی نہیں رہ جاتے۔

نگاہوں میں ارجن کا ہے تیر بھی
ہے قبضے میں ٹیپو کے شمشیر بھی

بنی شان گردن میں زنجیر بھی

مرقعے یہ اب دیکھے جاتے نہیں

قدم خود بڑھاتا ہے اب کارواں

اگر راہبر راہ پاتے نہیں

اس سے یہ نہ سمجھنا چاہئے کہ وہ صرف تاریخ سے واقعات کو منتخب کر کے استعارے تلاش کرتے ہیں بلکہ وہ تہذیب کے دوسرے فنون سے بھی استعارے وضع کرتے ہیں، یہ دو شعر دیکھئے

دراز زلف میں گندھی ہوئی تھی مالوے کی رات

سیہ لٹوں میں شام بادہ خوار لے کے آئی تھی

وہ قامت بلند جیسے بھیردی کی مست تان

وہ لوچ جیسے موج جوئے بار لے کے آئی تھی

اس کی مترنم بحر شگفتہ فضا جمالیاتی دل کشی تو متوجہ کرتی ہی ہے، یہاں صرف دو مخصوص استعاروں کی طرف توجہ دلانا ہے:

"مالوے کی رات" اور بھیردیں کی تان۔۔۔

مالوے کی رات کا تعلق مستی بھری نیند سے ہے اور بھیردیں کی تان لہراتی ہوئی ایک خاص سطح پر جا کر رک جاتی ہے اور لطافت یہ رکھی ہے کہ بھیردیں خواب شکن ہوتی ہے مگر قلب و ذہن کو راگ کے ذریعہ کیف و سرور عطا کرتی ہے۔

جہاں موسیقی سے انہوں نے استعارہ کا ستارہ نکال لیا ہے وہیں ہندوستان کی تہذیبی زندگی میں غار اور مورتیاں سبھی اہم ہیں یہ دو شعر بغیر تبصرہ ملاحظہ ہوں

لو نکلنے لگتی ہے مندروں کے سینے سے

دیوتا فضاؤں میں مسکرانے لگتے ہیں
رقص کرنے لگتی ہیں مورتیں اجنتا کی
مدتوں کے لب بستہ غار گانے لگتے ہیں

انہوں نے تاریخ سے اپنے استعاراتی قصر کے لئے خشت و سنگ مہیا کئے ہیں۔ وہ جانتے ہیں کہ وضاحت سے استعارہ کا حُسن مجروح ہو جاتا ہے۔ وہ ظاہری معنی کے علاوہ لطیف اشاروں کے ذریعہ ان پوشیدہ اسرار کی طرف بھی متوجہ کرتے ہیں جو گاؤں کی سڑک مختلف پگڈنڈیوں کے ذریعہ نئے کشت زار اور مرغزار کی طرف اشارہ کرتی ہے۔

ان کی ایک نظم کلکتہ پر ہے:

میں کلکتے میں کیفی آج پہلی بار آیا ہوں
مچلتی آرزو، بے تاب دل سینے میں لایا ہوں
سلام اس شہر پر جس کی فضا میں گیت بستے ہیں
جہاں نذزل کے اور ٹیگور کے نغمے برستے ہیں
سلام اس خاک پر گودی سے جس کی آفتاب اٹھا
بغاوت نے کماں کڑکائی شور انقلاب اٹھا
سلام اس دیس کے ان انقلابی نوجوانوں کو
بسا رکھا ہے مدت سے جنہوں نے جیل خانوں کو
سلام ان شہریوں، ان کامگاروں، ان کسانوں پر
دباو قحط نے حملہ کیا تھا جن کی جانوں پر

اب بظاہر اس نظم میں کوئی خاص بات نہیں معلوم ہوتی مگر ٹھہریے! جب "اس کی فضا میں گیت بستے ہیں" پڑھا جائے گا تو کانن دیوی کی نغمہ بار، نغمہ ریز صدا ذہن میں

گونجے گی۔ ٹیگور کے سرمدی نغمات فضائے بسیط میں سفید پرندوں کی طرح اڑتے نظر آئیں گے اور نذزل کے تذکروں کے ساتھ ان کی نظم باغی اک خواب، ان کا تصور انقلاب ابھرے گا۔ انقلابی نوجوانوں، کامگاروں اور کسانوں کا تذکرہ جب آئے گا تو کامریڈ مظفر احمد، بھوپیش گپتا، جیوتی باسو، اجے گھوش کے نام ذہن میں گونجیں گے اور جیسے ہی "وباو قحط" کا جملہ ہم پڑھیں گے تو یہ معلوم ہو گا کہ وامق اپنے مخصوص انداز میں پڑھ رہے ہیں۔

"بھوکا ہے بنگال رے ساتھی"

اور اس عہد کا مشہور چلتا ہوا فقرہ یاد آئے گا:

"بھوکا بنگالی بھات بھات کرے"

اور ساتھ ہی ساتھ لاشوں سے پٹی ہوئی سڑک، بھیک مانگتی ہوئی عورتیں بلبلاتے ہوئے بچے، بھوک کا شور، بکتے ہوئے لوگ اور انگریزی سامراج کا فضا میں ابلیسی قہقہہ۔ سب یاد آجائے گا۔

کیفی کی شاعری میں یہ استعارے جو اپنے پس منظر میں تاریخ کا گہرا شعور رکھتے ہیں۔ یہ ان کی شاعری کے اس حصہ کو بھی زندہ رکھیں گے جسے ہنگامی اور لمحاتی کہا جاتا ہے اس لئے کہ کیفی نے ایسی شاعری بھی کی ہے جس پر نہ صرف اس دور کے لوگ یقین رکھتے تھے بلکہ سامعین و قارئین بھی آج اس پر یقین رکھتے ہیں اور وہ ہماری تاریخ کا ناقابل تنسیخ جزو ہیں۔

ادب اور تاریخ کے اس باہمی تفاعل نے داستان وطن کو اور رنگین بنادیا ہے۔ ان کی نظم "آخری لمحہ" کے کچھ شعر دیکھئے

حصار باندھے ہوئے تیوریاں چڑھائے ہوئے

کھڑے ہیں ہند کے سردار سر اٹھائے ہوئے

بڑھے ہیں جھیلے ہوئے قید و بند کے آثار

اٹھے ہیں جنگ خلافت کے آزمائے ہوئے

شجاع، حیدر و ٹیپو کی گود کے پالے

دلیر نانک ورنجیت کے سکھائے ہوئے

خمار بادہ اقبال کا نگاہوں میں

لبوں پر نغمہ ٹیگور مسکرائے ہوئے

اب ان اشعار میں قاری جب "جنگ خلافت" پڑھتا ہے تو اسے سن اٹھارہ سے سن ۱۹۲۴ء تک کا وہ زمانہ یاد آتا ہے جب مہاتما گاندھی اور سوامی شردھانند نے دہلی کی جامع مسجد سے مسلمانوں کو خطاب کیا تھا اور ہزاروں ہندو مسلمانوں کی تحریک خلافت کی حمایت میں جیل گئے تھے۔ تیسرے شعر میں شجاع الدولہ، حیدر علی، ٹیپو سلطان، بابا نانک، مہاراجہ رنجیت سنگھ کے ان ام تاریخ کے اس دور میں لے جاتے ہیں جس دور میں وطن نے اتحاد کا سبق سیکھا تھا۔ کون ہے جو مہاراجہ رنجیت سنگھ اور ان کے وزیر اعظم فقیر الدین کو بھلا سکے گا۔ انگریزوں کو ملک سے نکالنے کی شجاع الدولہ کی کوشش بکسر کی لڑائی میں ناکامیاب ضرور ہوگئی تھی مگر مورخ لکھتا ہے کہ: "رات بھر جنگی ہتھیاروں کی کھڑ کھڑاہٹ اور سپاہیوں کی آمد ورفت سے فیض آباد کی شاہراہیں گونجتی رہتی تھیں"۔ حیدر علی نے انگریزوں کو ناکوں چنے چبوا دیے تھے اور ٹیپو نے کئی لڑائیوں میں بشمول وانڈے واش انگریزوں کو بڑی شرمناک شکست دی تھی۔ اب یہیں سے ذہن پھر منتقل ہوتا ہے کہ یہ ہند کے سردار جو سر اٹھائے ہوئے کھڑے ہیں ان میں انگریزوں سے معرکہ درپیش ہے، ان کی روایت میں شجاع الدولہ، ٹیپو سلطان، مہاراجہ رنجیت سنگھ کے

ساتھ خلافت کی عدم تعاون کی تحریک بھی ہے۔ ہند کے یہ سردار صرف سیاستداں نہیں ہیں وہ زندگی کی لطیف قدروں سے نا آشنا نہیں ہیں وہ اقبال و ٹیگور سے بھی باخبر ہیں۔

اس طرح یہ تلازمے، یہ افراد، یہ شخصیتیں زندہ ہو کر ماضی کو فراموش نہیں ہونے دیتیں اور ادب کے ہنگامی موضوع کو ابدیت عطا کرتی ہیں۔

کیفی کی ایسی نظموں میں جو ہنگامی موضوعات پر لکھی گئی ہیں ان میں "خانہ جنگی" مثنوی کی ہیئت میں ہے۔ جہاں تک یادداشت کام کرتی ہے۔ یہ نظم ستمبر ۴۶ء میں لکھی گئی اور "نیا زمانہ" میں شائع ہوئی تھی، اس کا نظم کا موضوع اس زمانے کے فرقہ وارانہ فسادات تھے جن کا سلسلہ ۱۵ اگسٹ ۱۹۴۶ء میں کلکتہ سے شروع ہوا اور نواکھالی سے گزرتا ہوا بہار تک آیا۔ یہ مثنوی اسی زمانے میں کی گئی پھر اس کے بعد پنجاب کے فسادات بھی تاریخ کا ایک جزو ہیں۔

شاید ہم میں سے ہر ایک کی یہ تمنا ہے کہ یہ نظم اپنی معنویت کھو دے، لوگ اس کبھی نہ پڑھیں لیکن یہ بھی ایک المیہ یہ کہ ہمارے ملک میں کبھی سالانہ فسادات ہوتے تھے، پھر ماہانہ ہونے لگے اور شاید اب روزانہ ہوتے ہیں اور یہ نظم جتنی معنویت آج سے ۵۶ سال قبل رکھتی تھی اتنی ہی معنویت آج بھی رکھتی ہے۔ اس کا ایک شعر بھی ایسا نہیں ہے جسے یہ کہا جاسکے کہ بدلے ہوئے حالات اس کا قاری اور سامع بدل گیا ہے۔ حالانکہ کیفی نے اپنے سامع کو نیم وا آنکھوں سے نہیں دیکھا تھا، آنکھیں پھاڑ کے بھی نہیں دیکھا تھا اور آج تو وہ موجود بھی نہیں ہیں مگر ان کے یہ اشعار اپنے قاری کو بھی دیکھ رہے ہیں اور اپنے سامعین سے بھی مخاطب ہیں۔ ارسطو کے خیال میں خطابت کا یہ منصب نہیں ہے کہ وہ لوگوں کو ہم خیال بنائے بلکہ اس کی غایت یہ ہوتی ہے کہ ہم خیال بنانے کے ذرائع تلاش کرے اور جو کچھ کہہ رہا ہے اس کا ثبوت اپنے ذاتی کردار سے مہیا کرے۔ کیفی کی

زندگی کھلی ہوئی کتاب رہی ہے ان کے ذاتی کردار نے ہر موقع پر اس کا ثبوت دیا ہے۔ خانہ جنگی کے اوپر گفتگو کرنے سے پہلے جنوری ۱۹۷۲ء کی ان کی ایک نظم کا ایک حصہ پیش کرنے کو جی چاہتا ہے۔

یہ پڑوسی جو محبت کا چلن بھول گئے
ان میں بھائی بھی ہیں بیٹے بھی ہیں احباب بھی ہیں
ساتھیو! دوستو! ہم آج کے ارجن ہی تو ہیں
ہاتھ بھی ان سے ملیں، دل بھی ملیں، نظریں بھی
اب یہ ارمان ہے سب فتح کے ارمان کے بعد

اور یہ بھی عجیب اتفاق ہے کہ اکتیس سال بعد یہ نظم تاریخ کی گرد ہٹا کر یہ کہہ رہی ہے کہ "پڑوسی محبت کا چلن بھول گیا ہے" اور آزمائشوں کی گھڑی میں ارجن کی یاد نے اس نظم کو جو معنویت دی ہے وہ اس دعوے کی دلیل ہے کہ کبھی کبھی موضوعات تاریخ کے دامن سے اس طرح ابھر کر سامنے آ جاتے ہیں کہ ان کے قاری اور سامع کے نام تو بدلے ہوئے ہو سکتے ہیں مگر ذہن اور شخصیت نہیں بدلتی۔

اب پھر ان کی نظم خانہ جنگی کی طرف رجوع کیا جاتا ہے۔ نظم غالب کے شعر سے شروع ہوتی ہے اور کینبٹ مشن کی واپسی کی تاریخ یاد دلاتی ہے۔ اس شعر کو فراموش کر دیجئے۔

جب سے اکر گئے ہیں اہل مشن
زندگی کا بگڑ گیا ہے چلن
اور بھی شعر ہیں جو وقتی ہیں لیکن اب یہ اشعار پڑھئے
شہر ویراں ہیں بند ہیں بازار۔۔۔ اینڈ تا ہے فضا میں گرم غبار

لوگ گھر سے نکلتے ڈرتے ہیں۔۔۔ راستے سائیں سائیں کرتے ہیں
ناکے ناکے پہ ہے پولیس کا راج۔۔۔ ہو چکی ہے گلی گلی تاراج
ہو کہاں فتنہ دوست راہبرو۔۔۔ آؤ لاشیں ذرا شمار کرو
لو یہ انعام رہنمائی کا۔۔۔ لو! یہ لاشوں کا خون کا تحفہ
لاش علم و ادب کی حکمت کی۔۔۔ لاش کلچر کی آدمیت کی
لو! محمد علی کی لاش ہے یہ۔۔۔ لو! تلک سے بلی کی لاش ہے یہ
لو! بھگت سنگھ سے جوان کی لاش
لو! ہے یہ موپلا کسان کی لاش

یہ نام یہ کردار ہماری تاریخ کے روشن ستارے ہیں اور فسادات کی اندھیری رات میں روشنی دکھاتے ہیں اور اسی وجہ سے اس نظم کے یہ متحرک اور ان مناظر کے ساتھ وہ تاریخ زندہ رہے گی جس کی جڑیں ہماری تہذیب میں پیوست ہیں۔

اسی دو سو گیارہ شعر کی نظم میں کیفی نے اس نکتہ کو اجاگر کیا ہے کہ شاعر کا کام صرف عظمت کی تلاش نہیں ہے بلکہ عظمتوں کا تعارف بھی ہے۔ حسن کی تخلیق نہیں بلکہ حسین بنانے کی سعی مشکور سب سے بڑا فن ہے۔ یہ نظم جہاں احساسات کے تار چھیڑتی ہے "رحم خوف و دہشت" کے جذبے کو ابھار کر ان کا تزکیہ کرتی ہے، وہیں اس کی للکار ہیں جو رعنائی اور جمالیاتی قدر ہے وہ ہر دور میں قارئین اور سامعین اکٹھا کرتی رہے گی۔ اس نظم کے دو موڑ ہیں: فسادات کا نقشہ اور دوسرا موڑ فسادات کے ذمہ دار کی شناخت۔ انگریزوں کے لئے لکھتے ہیں

لیکن اس سے ملا سکے نہ نگار۔۔۔ کر دیا جس نے زندگی کو تباہ
مندروں کی زمینیں دہلا دیں۔۔۔ قصر کے ساتھ مسجدیں ڈھا دیں

مورتوں کے گلے سے ہار لئے۔۔۔ مقبروں کے کلس اتار لئے
انکھڑیوں کا سرور چھین لیا۔۔۔ عصمتوں کا غرور چھین لیا
روح کشمیر سے چرالی آب۔۔۔ لوٹ لی شان وشوکت پنجاب
زلف بنگال الجھ کے بکھرادی۔۔۔ صبح کاشی پہ دھوپ دوڑادی
ہو گی مالوے کی نیند حرام۔۔۔ رات دے کے اودھ سے لے لی شام
لے کے ٹیپو کی تیغ لچکادی
توڑ ڈالی کمان ارجن کی

اس حصہ کی شعریت اور تغزل کا بنیادی سرچشمہ وہ تہذیبی تصورات ہیں جن میں ایک طرف سچی تاریخ ہے اور دوسری طرف ہندوستان کے مختلف مقامات کی جمالیاتی روایت۔ سب سے بڑی بات یہ ہے کہ تواز اور استعارے نظم کو نہ پروپیگنڈہ بننے دیتے ہیں اور نہ اسے تاریخ کے قبرستان کی طرف جانے دیتے ہیں۔ وہ ماضی کا مزار نہیں بنتی زندگی کا سیر گاہ نظر آتی ہے۔

اس نظم کا آخری حصہ بنگال میں تبھا گا تحریک ہے جس میں محنت کش طبقہ نے سرمایہ داروں سے ٹکر لی تھی اسی میں کہیں کہیں آزاد ہند فوج کے ان سورماؤں کے نام بھی آگئے ہیں جنہوں نے سارے ملک میں ایک برقی لہر دوڑادی تھی۔ تحریک کے سلسلے میں کامریڈ مظفر احمد اور اجے گھوش وغیرہ کی طرف بھی اشارے کئے گئے ہیں۔

اردو شاعری نے اپنے استعارے اور تلازمے تصوف کی تحریک سے حاصل کئے تھے۔ شمع کے گرد پروانے کا اضطراب، گل کے لئے بلبل کی بیتابی، بلبل کا گل کے ہجر میں زندہ رہ جانا۔ پروانے کا شمع کے وصل میں جل جانا، قطرہ کا دریا میں مل جانا اور دریا ہو جانا۔

حالاں کہ یہ الگ موضوع ہے مگر یہاں یہ لکھے بغیر نہیں رہاجاتا کہ تشبیہ اور استعارہ

کی وافر فکری بنیاد نہیں ہوتی تو پھر استعارہ ایسی لاش کے مانند ہو جاتا ہے جسے بڑا خوبصورت کفن پہنا دیا گیا ہو۔

ترقی پسند تحریک نے بڑی حد تک اس نکتہ کو سمجھ لیا تھا۔ مجروح کی طرح کیفی نے بھی یہ راز پا لیا تھا کہ استعاراتی نظام کی جڑیں اگر تہذیب میں پیوست ہیں اور ان کا رشتہ ہماری تاریخ سے استوار ہے تو ایسے استعارے خود بھی تاریخ کی منڈیر پر نئے چراغ روشن کرتے ہیں اور اس روشنی میں تاریخ کی ظلمتوں میں واقعات کے گم ہوتے ہوئے کارواں کو روشنی میں لاتے رہتے ہیں اور اسی لئے ان کے سامعین بھی باقی رہتے ہیں اور قارئین بھی۔

(۴) غالب شناس: کالی داس گپتا رضا

اردو میں غالب اور اقبال ایسے شاعر ہیں جن پر سب سے زیادہ کتابیں لکھی گئیں اور لکھی جارہی ہیں۔ غالب کا تو آغاز ہی اس سے ہوا کہ ان کے دیوان کو "وید مقدس" کا درجہ دے دیا گیا اور عبدالرحمن بجنوری سے لے کر دور حاضر کے ادب کے ہر طالب علم نے غالب پر خامہ فرسائی کی۔ غالب کو صرف قصیدہ خواں نہ ملے تھے بلکہ یگانہ اور " آرگس " کے مضامین بھی تھے، جنہوں نے غالب کو "عندلیب گلشن ناآفریدہ" کے بجائے "کنار جمنا کا سارس" بنا دیا تھا۔ ایک گروہ میں شارحین غالب بھی ہیں جن کا نقطہ آغاز علامہ طباطبائی تھے تو حرف آخر شمس الرحمن فاروقی۔ پھر ماہر غالبیات میں جس کا نام جی چاہے شامل کر دیا جاتا تھا لیکن حق یہ ہے کہ مولانا امتیاز علی خاں عرشی کے مرتبہ دیوان غالب کی اشاعت کے بعد یہ تسلیم کرنے کے علاوہ کوئی چارہ ہی نہیں کہ ماہر غالبیات صرف اور صرف انہیں کو کہا جائے۔ یوں تو بہت سے ایڈیشن نکلے لیکن نہ تلاش و تفحص کی وہ منزلیں نظر آئیں جو نسخۂ عرشی میں تھیں اور نہ ہی دیدہ ریزی، باریک بینی، دیانت اور وقت نظر کا وہ انداز تھا جو موضوع کا تقاضہ تھا۔

غالب کے "سخن فہموں" میں رشید حسن خاں بھی ہیں جنہوں نے مالک رام کے صدی ایڈیشن پر ایسے اعتراضات کئے تھے جس کا دفاع تقریباً ناممکن تھا۔

مرتبین، شارحین اور ماہرین کے ساتھ معترضین اور نکتہ چینوں کی اس بزم میں بیچارے غالب کی پہچان ایک عالم طالب علم کے لئے دشوار ہوگئی تھی۔

دیوان غالب کامل نسخہ رضا غالب شناسی کا شاہکار ہے، حالانکہ تحقیق میں توصیف کے الفاظ کے استعمال میں بھی محتاط رہنا چاہئے اور اسی لئے اسے حرف آخر میں کہا گیا ہے لیکن اس کے شاہکار ہونے میں کوئی کلام نہیں۔ یہ ایڈیشن تاریخی ترتیب کے اعتبار سے ہے اور اس کا پہلا ایڈیشن ۱۹۸۸ء اور دوسرا ۱۹۹۰ء میں شائع ہوا تھا۔

یہ تیسرا ایڈیشن اس اعتبار سے اہم ہے کہ پہلے دو ایڈیشن کے مقابلہ میں اس میں اضافے کئے گئے ہیں۔ فاضل مرتب لکھتے ہیں :

"ذیل میں چند اضافوں کی نشاندہی کی جاتی ہے جو اس ایڈیشن میں روا رکھے گئے ہیں :
(۱) اشعار کی ترتیب میں فرق رہ گیا تھا، اسے مختلف ماخذوں کی مدد سے روایت کے مطابق کر دیا گیا ہے۔ مجھے یقین ہے کہ اب ہر شعر اپنی صحیح جگہ پر درج ہے۔
(۲) بعض اشعار کو غالب کے فکر کردہ تسلیم کرنے میں تامل ہوتا تھا انہیں متن سے خارج کر دیا گیا ہے مگر مقدمے میں الگ باب کے تحت شامل کر رکھا گیا ہے تاکہ وہ کلام غالب کی ٹوہ میں رہنے والوں کی نگاہ سے اوجھل نہ رہیں۔
(۳) مزید غور کرے پر بعض غزلوں اور اشعار کا سال فکر دوبارہ متعین کیا گیا ہے۔
(۴) نسخہ بھوپال بخط غالب (۱۸۱۶ء) یا کسی بھی اساسی نسخہ کے سال کتابت سے جن غزلوں اور اشعار کا سال فکر متعین کیا گیا تھا ان میں بعد کے کہے ہوئے اشعار بھی شامل ہیں مگر یہ نہیں بتایا گیا تھا کہ یہ اشعار پہلے پہل کب کہ گئے تھے یا کس کس ماخذ میں پہلی بار درج ہوئے تھے۔ اب نشاندہی کر دی گئی ہے۔
(۵) نسخہ عرشی میں درج مفصل اختلاف نسخ کے پیش نظر میں نے اپنے نسخے (دیوان غالب کامل۔ نسخہ رضا) میں اختلاف نسخ ظاہر کرنے سے گریز کیا تھا مگر عرشی صاحب کے ماخذوں میں نسخہ، بھوپال بخط غالب (نخ) دیر سے شامل ہوا تھا شاید اسی لئے

یہ "اختلاف نسخ میں نہیں لیا جا سکا تھا۔ یہ کمی بری طرح کھٹک رہی تھی چنانچہ اب میں نے کلام غالب کے آج تک کے دریافت شدہ اس قدیم ترین نسخہ کا مکمل اختلاف نسخ اضافہ کر دیا ہے۔

(۶) دیوان غالب کامل (نسخہ رضا) کے پہلے ایڈیشنوں میں تمام غزلوں یا دیگر اصناف پر سال فکر و درج کرنے کا التزام تھا مگر اب سال فکر صرف ہر صفحے کے شروع میں لکھ دیا گیا ہے جس سے مراد یہ ہے کہ اس صفحے کے تمام اشعار اسی سال فکر کے تحت آتے ہیں۔ اگر کسی صفحے پر کہیں سال فکر تبدیل ہو گیا ہے تو اسے متعلقہ مقام پر ظاہر کر دیا گیا ہے"۔

رضا صاحب نے ان تمام اضافوں کے ساتھ یہ ایڈیشن پیش کیا ہے۔

موصوف نے ماخذوں کی تاریخی ترتیب پیش کی ہے اور اس سلسلہ میں ۱۷ ماخذ درج کئے ہیں علامتیں عرشی صاحب کی ہی برقرار رکھی ہیں۔ نسخہ بھوپال قدیم بخط غالب کا اصل مخطوطہ نہیں مل سکا لیکن تین عکسی اشاعتیں پیش نظر رہی ہیں۔ مقدمہ میں "تاریخی ترتیب کیوں" کے تحت تفصیل سے وہ واقعات درج کئے ہیں جو تاریخی ترتیب کا سبب بنے ہیں کچھ مثالیں پیش کی جاتی ہیں:

"حالی نے یادگار غالب میں لطیفے کے تحت لکھا ہے:

ایک دفعہ مولوی عبد القادر رامپوری نے جو نہایت ہی ظریف الطبع تھے اور جن کو چند روز قلعہ دہلی سے تعلق رہا تھا مرزا سے کسی موقع پر کہا کہ آپ کا ایک اردو شعر سمجھ میں نہیں آتا اور اسی وقت دو مصرعے خود موزوں کر کے مرزا کے سامنے پڑھے۔

پہلے تو روغن گل بھینس کے انڈے سے نکال
پھر دوا جتنی ہے کل بھینس کے انڈے سے نکال

مرزا یہ سن کر سخت حیران ہوئے اور کہا:
حاشا یہ شعر میرا نہیں ہے۔
مولوی عبدالقادر نے از راہِ مذاق کہا:" میں نے خود آپ کے دیوان میں دیکھا ہے اور دیوان ہو تو اب دکھا سکتا ہوں۔
آخر مرزا صاحب کو معلوم ہوا کہ مجھ پر اس پیرائے میں اعتراض کرتے ہیں اور گویا یہ جتاتے ہیں کہ تمہارے دیوان میں اس قسم کے اشعار ہوتے ہیں۔۔۔"
اس لطیفے سے یہ نتائج اخذ کئے جاسکتے ہیں:
۱۔ گفتگو مولوی عبدالقادر رامپوری اور مرزا غالب کے مابین ہوئی تھی مگر اس کے راوی کا علم نہیں۔
۲۔ مولوی صاحب کو چند روز قلعہ سے تعلق رہا تھا۔ ظاہر ہے کہ غالب سے ملاقات اور گفتگو اسی زمانے میں ہوئی ہوگی۔
۳۔ غالب کا دیوان چھپ چکا تھا، جبھی تو مولوی صاحب نے کہا کہ دیوان ہو تو میں اب دکھا سکتا ہوں۔

مولوی عبدالقادر رام پوری ۱۸۳۸ء میں ضلع مراد آباد میں صدر الصدور تھے۔ اسی سال ملازمت ترک کر کے دلی آگئے۔ وہ رام پور میں پیدا ہوئے رام پور اور مراد آباد میں تعلیم پائی اور ۱۸۰۹ء میں ضلع مراد آبادہی میں سرکار کمپنی کے ملازم ہوئے۔ بقول ڈاکٹر محمد ایوب قادری:"۔۔۔ ۱۸۱۴ء میں بسلسلہ ملازمت دہلی پہنچے اور ۱۸۱۵ء میں واپس آگئے اور ۱۸۱۷ء میں دوبارہ گئے اور ۱۸۱۸ء میں ان کا تبادلہ اجمیر ہو گیا۔۔۔"
اجمیر، راجستھان، جبل پور، ناگ پور میں بڑے بڑے عہدوں پر ملازم رہے آخر مراد آباد میں صدر الصدور مقرر ہوئے۔

حالی ۱۸۳۷ء میں پیدا ہوئے تھے۔ وہ ۱۸۵۴ء میں بہ عمر ۱۷ سال دلی آئے تھے۔ ظاہر ہے (۱) حالی نے یہ روایت کسی سے سنی ہے۔ خود مولوی صاحب نے انہیں نہیں بتائی، کیونکہ وہ ۱۸۴۹ء میں فوت ہو چکے تھے شاید شیفتہ اس کے راوی ہوں۔ (۲) دلی آنے کے بعد مولوی صاحب چھ ماہ بہادر شاہ ظفر کے پاس رہے۔ بقول ڈاکٹر محمد ایوب قادری بہادر شاہ ظفر کے دربار میں مولوی عبدالقادر تقریباً ۱۲۵۷ھ (۱۸۴۰ء) میں وکیل مقرر ہوئے۔ شیفتہ اور غالب کے تعلقات تو تھے ہی۔ معلوم ہوتا ہے شاہ ظفر کی ملازمت کے بعد بھی مولوی صاحب چندے دلی ہی میں رہے کیونکہ (۳) غالب کا دیوان اردو (پہلا ایڈیشن) ۱۸۴۱ء میں چھپا اور ظاہر ہے کہ یہ بات انہیں دنوں کی ہو گی ورنہ وہ دیوان دیکھنے کی بات کیوں کرتے۔

یہ بات تذکرہ کاملان رام پور میں بھی درج ہے۔ اس میں لکھا ہے کہ:

"مرا غالب گھرا کر دیوان کو دیکھتے ہیں، پریشان ہو کر ایک ایک سے سوال کرتے ہیں کہ بھائی یہ شعر "پہلے تو روغن گل۔۔۔" کہاں ہے۔ نواب مصطفٰے خاں شیفتہ نے کاہ کہ مولوی صاحب نے آپ کے کلام ظرافت کی ہے۔"

یہ واقعہ بیان کرنے کے بعد حالی "یادگار غالب" میں لکھتے ہیں:

مرزا نے اس قسم کی نکتہ چینیوں پر اردو، فارسی دیوان میں جابجا اشارہ کیا ہے۔ اردو میں ایک جگہ کہتے ہیں۔

نہ ستائش کی تمنا نہ صلے کی پروا
گر نہیں ہیں مرے اشعار میں معنی نہ سہی

ایک اور اردو غزل کا مطلع ہ

گر خامشی سے فائدہ اخفائے حال ہے

خوش ہوں کہ میری بات سمجھنا مجال ہے

مگر یہ دونوں شعر تو نسخۂ بھوپال (حمیدیہ) مکتوبہ ۱۸۲۱ء کے متن میں موجود ہیں۔ ظاہر ہے کہ سن و سال کے لحاظ سے ان کا اطلاق بیس سال بعد کے واقعہ پر نہیں ہو سکتا۔ حقیقت یہ ہے کہ غالب نے ایسے اشعار اور بھی کہے ہیں جیسے

مشکل ہے زبسِ کلام میرا اے دل۔۔۔ سن سن کے اے سخنورانِ کامل
آساں کہنے کی کرتے ہیں فرمائش۔۔۔ گوئم مشکل وگرنہ گوئم مشکل

آگہی دامِ شنیدن جس قدر چاہے بچھائے
مدعا عنقا ہے اپنے عالمِ تقریر کا

ہمارے شعر ہیں اب صرف دل لگی کے اسد
کھلا کہ فائدہ عرضِ ہنر میں خاک نہیں

مگر یہ سب کے سب اسی عہد کے ہیں، کوئی ۱۸۲۶ء کے بعد کا نہیں اس لئے انہیں ۱۸۴۱ء کے کسی واقعہ سے مربوط کر لینا قطعی نادرست ہے۔ ۱۸۲۶ء وہ زمانہ ہے جب غالب طرزِ بیدل سے آزاد ہوئے ہیں اور یہی وہ زمانہ ہے جب انہوں نے فارسی میں باقاعدگی سے کہنا شروع کیا مگر چونکہ اس وقت تک وہ بیدل (اور اسیر و شوکت) کی طلسماتی گرفت سے باہر نکل چکے تھے اس لئے فارسی کلام پر ان کی چیستانی طرز کا اثر نمایاں نہیں ہے۔ اس عہد کے بعد کا اردو کلام بھی بیشتر اسی طرزِ سخن سے پاک ہے۔

جنابِ خورشید الاسلام مکتوبِ غالب بنام علائی سے اقتباس پیش کرتے ہیں:

"پچاس برس کی بات ہے کہ الٰہی بخش مرحوم نے ایک زمین نکالی، میں نے حسبِ الحکم غزل لکھی۔ بیت الغزل:

پلا دے اوک سے ساقی جو مجھ سے نفرت ہے
پیالہ گر نہیں دیتا نہ دے، شراب تو دے

پھر لکھتے ہیں:

یہ خط ۱۸۶۲ء کا ہے۔ جس کے معنی یہ ہیں کہ یہ غزل ۱۸۱۲ء میں لکھی گئی تھی اور اس وقت غالب کی عمر محض ۱۵سال یا اس سے بھی کم تھی۔۔۔ حقیقت یہ ہے کہ یہ غزل پہلے پہل ۱۸۲۱ء کے مخطوطے کے حاشیے میں ملتی ہے۔ تب غالب کی عمر پندرہ سال کی نہیں ۲۴سال سے زیادہ کی تھی۔ ۳)

مندرجہ بالا چند مثالوں سے بخوبی ظاہر ہے کہ جب تک غالب کے تمام کلام کی تاریخی ترتیب سے مطالعہ نہیں کیا جائے گا ہم نتائج اخذ کرنے میں اکثر ٹھوکر کھاتے رہیں گے۔ میں نے اسی مقصد کو رہنما بنا کر اس کام کا بیڑا اٹھایا ہے۔ تاریخی ترتیب سے ہی غالب کی سوانحی اور فکری ارتقاء کا صحیح تجزیہ ہو سکے گا، ہماری خوش قسمتی ہے کہ غالب کے اردو کلام کے کئی ایک مخطوطے فراہم ہو چکے ہیں جو ان کے مختلف فکری ادوار کی نشاندہی کرتے ہیں اور پھر مولانا امتیاز علی خاں عرشی مرحوم کا مرتبہ دیوان غالب موجود ہے جو کسی نعمت عظمیٰ سے کم نہیں" ۴)

عرشی صاحب کی یہی نعمت عظمیٰ رضا صاحب کا محور و مرکز ہے (اساسی نسخہ نہیں) انہوں نے غالب کی حیات میں جتنے ایڈیشن شائع ہوئے اس کی تفصیل دی ہے:

پہلا ایڈیشن مطبع سید الاخبار دلی اکتوبر ۱۸۴۱ء کل شعر ۱۰۹۶ دوسرا ایڈیشن مطبع دارالسلام مئی ۱۸۴۷ء ۱۱۵۸ تیسرا ایڈیشن مطبع احمدی۔ دلی ۲۸! جولائی ۱۸۶۱ء ۱۷۹۶ چوتھا ایڈیشن مطبع نظامی۔ کانپور جون ۱۸۶۲ء

۱۸۰۲ پانچواں ایڈیشن مطبع مفید خلائق۔ آگرہ بعد از جون ۱۸۶۳ء

۱۹۷۵ء ان ایڈیشنوں کی تفصیل کے ساتھ ساتھ اشعار کی تعداد بھی متعین کی ہے۔ غالب کی حیات کے ادوار مقرر کئے ہیں۔ ہر دور میں اشعار کی تعداد درج کی ہے اور پھر کل تعداد یعنی ۱۹۷۹ اشعار کل اور ۱۸۰۲ شعر منتخب قرار دیئے ہیں۔

تحقیق میں اگر دیانت نہ ہو تو وہ تحقیق کے بجائے ادبی فاتحہ بن جاتی ہے بالخصوص تدوین متن کے سلسلے میں عام طور سے یہ ہوتا ہے کہ ثانوی حوالے کو اس طرح پیش کرتے ہیں گویا راست حوالہ ہے۔ ماخذ کی تفصیل پیش کرنے میں شہادت کے خوف سے لرزتے ہیں اور اسے موروثی جائیداد سمجھ کر حزم و احتیاط کے ساتھ ہضم کر لیا جاتا ہے۔ رضا نے اپنے ۱۹ ماخذ درج کرنے کے بعد یہ عبارت بھی لکھی ہے

"ان میں سے مندرجہ ذیل آٹھ ماخذ میں نے نہیں دیکھے اس لئے ان کے لئے کلی طور پر دیوان غالب مرتبہ (اشاعت دوم) سے استفادہ کیا گیا ہے۔ باقی تمام ماخذ میرے کتب خانے کے غالب کلکشن میں موجود ہیں۔

(۱) تذکرہ عیار الشعراء (۲) نسخہ رام پور اول یا قدیم (۳) انتخاب غالب (۴) نسخہ بدایوں (۵) نسخہ دیسنہ (۶) نسخہ کریم الدین (۷) نسخہ لاہور (۸) نسخہ رام پور ثانی یا جدید" (۵)

انہوں نے فراخدلی سے اس کا اعتراف کیا ہے کہ ۱۸۳۱ء میں نسخہ بھوپال اور اس کے بعد کے کلام سے متعلق اختلاف نسخ کہیں واضح نہیں کیا گیا ہے کیونکہ یہ کام نسخہ عرشی میں احسن طریقے سے انجام دیا گیا ہے۔

علم اگر شخصیت کا جزو ہوتا ہے تو وسعت نظریات کہنے کا سلیقہ بھی پیدا کرتی ہے۔ ہندوستان کی ایک الہامی کتاب کی تدوین کرنے والے مولانا عرشی سے ہلکا سا اختلاف بھی بڑی بات ہے۔ انہوں نے جس شاندار طریقے سے دیوان غالب کو مدون کیا وہ یادگار

حیثیت رکھتا ہے لیکن کہیں کہیں وہ چوک گئے ہیں۔ رضا نے اس کی نشاندہی کی ہے۔ دیوان غالب بخط غالب ۱۸۱۶ء کا اختلاف نسخ نہیں درج تھا، رضا نے اسے درج کیا اور یہ اہم اطلاع بھی دی کہ ۱۸۴۷ء اشعار کا اختلاف نسخ از سرنو تیار کر کے درج کر دیا گیا ہے۔

انہوں نے اوقاف، اعراب، املا اور روایت اشعار کے لئے نسخہ عرشی کو اپنا رہنما بنایا ہے مگر بہت سے مقامات پر اس سے گریز بھی کیا ہے عرشی نے دیوان غالب کو مرتب کرتے ہوئے کچھ باتوں کی نشاندہی کی، اس کا تذکرہ بھی ضروری معلوم ہوتا ہے:

"مرزا غالب کی زندگی میں جو نسخے چھپے وہ انہیں پسند نہ آئے اور انہوں نے دہلی کے چھاپہ خانوں کے متعلق یہاں تک لکھ دیا کہ:

---۔ دلی پر اور اس کے پانی پر، اس کے چھاپے پر لعنت---۔ لیکن پچھلے تیس چالیس برس کے اندر ایسے متعدد ایڈیشن نکل چکے ہیں جو حُسن و جمال میں لالہ زار اور کشت زعفران نظر آتے ہیں اور اس لئے غالب کی یہ حسرت کہ۔ دہائی! لکھنؤ کے چھاپے خانے نے جس کا دیوان چھاپا اس کو آسمان پر چڑھا دیا، حُسن خط سے الفاظ کو چمکا دیا۔ ان کی خواہش سے زیادہ پوری ہو گئی۔

ان سب ایڈیشنوں کے مشتملات اور ان کی ترتیب مرزا غالب کی زندگی کے نسخۂ نظامی کے مطابق تھی۔ سب سے پہلے مولانا نظامی بدایونی نے ۱۹۲۲ء کے ایڈیشن میں رام پور کے قلمی نسخۂ غالب سے مقابلہ کر کے زیادہ صحیح اور معتبر متن پیش کیا، اس کے بعد مفتی انوار الحق مشیر تعلیمات بھوپال نے نئی ترتیب کی طرف قدم اٹھایا اور غالب کا کل اردو کلام ایک خاص ترتیب سے نسخۂ حمیدیہ کے نام سے شائع کیا۔ بعد ازاں ڈاکٹر عبد اللطیف صاحب حیدر آبادی نے کلام غالب کا تاریخی ترتیب سے مطالعہ کرنے کی ضرورت کا احساس کر کے بعد کے دیوان کو تاریخ دار مرتب کیا مگر ان کا مرتبہ نسخہ آدھا

چھپ کر رہ گیا۔

۱۸۳۶ء میں شیخ محمد اکرام صاحب نے بھی کلام غالب کو تاریخ دار مرتب کرنے کا کام انجام دیا اور اردو کلام کے ساتھ فارسی اشعار کو بھی مختلف ادوار پر مرتب کر کے "آثار غالب" کے نام سے ایک مجموعہ پیش کیا مگر اس میں ایک تو تصحیح اشعار کا کام نظر انداز کر دیا گیا تھا، دوسرے متداول حصے کو ایک جگہ نہیں رکھا گیا تھا جس سے اصل دیوان میں انتشار پیدا ہو گیا تھا۔

۱۹۳۸ء میں پیرزادہ محمد حنیف صاحب نے ایک نسخہ شائع کیا جو ۱۸۴۶ء کے مطبوعہ ایڈیشن پر مبنی تھا۔ اس میں تمام اصنافِ سخن کو ردیف وار مرتب کیا گیا تھا جس سے ردیف الف کے اشعار خواہ غزل کے ہوں یا کسی دوسری صنف کے، ایک جگہ جمع ہو گئے تھے۔ اس صورتحال نے ان کے نسخے کو شتر گربہ کر دیا تھا اور وہ انڈکس ہو کر رہ گیا تھا۔

کتاب خانہ رامپور کی طرف سے ۱۹۴۲ء میں انتخاب غالب شائع ہوا تو ملک کے اہلِ نظر طبقے نے اس کام کو پسندیدگی کی نگاہ سے دیکھا اور ایک دیدہ ور عالم نے مرتب سے فرمائش کی کہ انتخاب کے انداز پر غالب کے مکمل دیوان کا بھی ایک نسخہ تیار کیا جائے۔ مرتب اچھی طرح جانتا تھا کہ یہ کام (جوئے شیر) لانے سے کم ثابت نہ ہو گا مگر اس بزرگانہ خواہش کی پشت پر مرتب کی وہ دلچسپی بھی کام کر رہی تھی جو اسے بچپن سے کلامِ غالب سے ہے اس لئے اس نے وعدہ کر لیا اور کئی برس کی دیدہ ریزی کے بعد یہ نسخہ مرتب کیا جو ملک کے اربابِ فضل و کمال کے سامنے ہے۔

مشتملات

اس نسخے میں مرزا صاحب کا وہ سب اردو کلام شامل ہے جو اب تک ان کے نام سے شائع ہوا تھا یا مجھے اپنے مطالعہ اور دوستوں کے لطف و کرم سے حاصل ہوا ہے۔ میں نے

اسے حسب ذیل تین حصوں میں تقسیم کیا ہے:

(۱) گنجینہ معنی: اس حصہ میں وہ تمام اشعار مندرج ہیں جو نسخہ حمیدیہ اور نسخہ شیرانی میں تو موجود تھے مگر ۱۲۴۸ھ (۱۸۴۲ء) کے مرتب کئے ہوئے دیوان سے مرزا غالب نے خارج کر کے یہ لکھا دیا تھا۔۔ چونکہ اس حصہ کے تقریباً سب شعر خیال آرائی اور معنی آفرینی کے طلسمی نمونے ہیں اس لئے مرزا صاحب کے شعر

گنجینۂ معنی کا طلسم اس کو سمجھئے

جو لفظ کہ غالب مرے اشعار میں آوے

کے پیش نظر اس حصہ کو گنجینہ معنی قرار دیا گیا ہے۔

(۲) نوائی سروش: یہ حصہ اس کلام پر مشتمل ہے جو مرزا صاحب نے اپنی زندگی میں لکھوا کر اور چھپوا کر تقسیم کیا تھا اور جو عام طور پر دیوان غالب کے نام سے متداول اور مشہور رہے۔ یہی وہ کلام ہے جس کے بار میں مرزا صاحب نے یہ دعویٰ کیا تھا کہ

آتے ہیں غیب سے یہ مضامیں خیال میں

غالب صریر خامہ نوائے سروش ہے

اس لئے اسے نوائے سروش سے موسوم کیا گیا ہے۔

(۳) یادگار نالہ: اس جزو میں وہ کلام رکھا گیا ہے جو دیوان غالب کے کسی نسخہ کے متن میں تو نہ تھا لیکن بعض نسخوں کے حاشیوں یا خاتمہ میں یا مرزا صاحب کے خطوں میں یا ان کے نام سے دوسروں کی بیاضوں میں پایا گیا تھا اور وقتاً فوقتاً اخبارات و رسائل میں چھپ کر اہل ذوق حضرات تک پہنچ چکا تھا۔ مرزا صاحب کا ایک شعر ہے

نالۂ دل نے دیئے اوراق سخت دل بیاد

یادگار نالہ یک دیوان بے شیرازہ تھا

چونکہ حصہ زیر بحث میں ان کے اوراق لخت دل کی شیرازہ بندی ہے اسی لئے اس حصہ کو یادگار نالہ کہتے ہیں، گویا مرزا صاحب کی تائید حاصل ہو جاتی ہے اس حصہ میں وہ اشعار بھی ہیں جو میری دانست میں معتبر ہیں اور وہ بھی جنہیں میں کلام غالب ماننے کو اس وقت تک آمادہ نہیں جب تک کوئی مستند شہادت نہ مل جائے چاہے اپنے انداز کے اعتبار سے وہ مستند اشعار سے کتنے ہی ملے جلتے کیوں نہ ہو۔!٦)"

عرشی صاحب کے اس طویل اقتباس کو اس لئے پیش کیا گیا کہ دو مختلف زمانوں میں تقریباً پچاس برس کے فصل سے فکر میں کتنا فرق ہو جاتا ہے، اس کا اندازہ لگایا جاسکے۔

رضا صاحب نے تاریخی ترتیب کا جو تصور رکھا ہے وہ بالکل دور حاضر کے مزاج سے ہم آہنگ ہے۔

غالب کے اولین اردو منظوم کلام پر عالمانہ بحث کی ہے اور مختلف حوالوں اور بیانوں سے پتنگ بازی والے ترکیب بند کو پہلا کلام کہا گیا ہے۔٧)

عمدہ منتخبہ میں ذکر غالب کے عنوان سے تفصیلات درج ہیں اور ضمنی طور پر خوب چند ذکا اور اعظم الدولہ سرور کے تعلقات پر بھی روشنی پڑتی ہے۔ خوب چند ذکا کے سلسلے میں بہت سی غلطیوں کا ازالہ بھی ہو جاتا ہے۔ حروف نا معتبر کے تحت ان اشعار کی فہرست بھی ہے جنہیں حتمی طور پر غالب کے فکر کردہ تسلیم کرنے میں جھجھک محسوس ہوتی رہی، ایسے تیس اشعار ہیں، ان میں یہ شعر بھی ہے۔

تم نہ آؤ گے تو مر رہین کی سو راہیں ہیں
موت کچھ تم تو نہیں ہو کہ بلا بھی نہ سکوں

غالب کے غیر متداول اشعار کا زمانہ بھی متعین کیا گیا ہے۔

غالب کے کچھ ہنگامے مصرعے اور شعر کے عنوان کے تحت بعض بہت معروف

اشعار کا سن متعین کیا گیا ہے اور مضبوط دلائل سے ان کی قطعیت کا اثبات ہوتا ہے۔ مثلاً

(۱) درہم و دوام اپنے پاس کہاں ۔۔۔ چیل کے گھونسلے میں ماس کہاں

۔۔۔ ۱۸۵۷ء کے آس پاس کا ہے۔

(۲) روز اس شہر میں اک حکم نیا ہوتا ہے

کچھ سمجھ میں نہیں آتا ہے کہ کیا ہوتا ہے

۔۔۔ ۲! فروری ۱۸۵۹ء

(۳) خدا کے بعد نبی اور نبی کے بعد امام

یہی ہے مذہب حق والسلام والاکرام

۔۔۔ خط بنام مجروح مئی ۱۸۶۱ء

(۴) میں قائل خدا و نبیؐ و امام ہوں ۔۔۔ بندہ خدا کا اور علیؑ کا غلام ہوں

۔۔۔ ۳! مئی ۱۸۶۵ء

(۵) ہاتف غیب سن کے یہ چیخا ۔۔۔ ان کی تاریخ میرا تاریخا

۔۔۔ ۱۸۵۸ء

لکھتے ہیں کہ مندرجہ بالا اشعار کی کوئی ادبی اہمیت نہیں، لیکن یہ کسی نہ کسی واقعہ کی نشاندہی میں معاون ثابت ہو سکتا ہیں۔ دیوان غالب طبع اول کے اوپر بحث کر کے نتائج نکالے ہیں۔ لکھتے ہیں:

(۱) دیوان غالب کی اگلی طباعت کے لئے لگ بھگ ۱۸۳۳ء کے پہلے سہ ماہے تک مکمل ہو چکا تھا۔ (۲) اس میں ۱۰۷۱: اشعار تھے۔

یہ اشعار ۲۹۴۸ اشعار میں سے منتخب ہوئے تھے (بعد میں ۱۸۳۱ء تک کے فکر کردہ ۱۲۷ اشعار میں سے ۲۵ شعر مزید منتخب ہوئے۔ ان ستائیس شعروں کے اضافے سے اس

وقت تک کسے کہے ہوئے اشعار کی تعداد ۲۹۷۵ ہو گئی)۔

"سرورق کی پہلی سطر کے آخر میں لفظ تخلص کے اوپر سید محمد خاں کے دستخط ہیں۔۔۔

میرے کتب خانے میں اس ایڈیشن کے دو نسخے ہیں اور صولت پبلک لائبریری، رام پور والے نسخے کا عکس بھی ہے۔ جب تک میں نے عرشی صاحب کا بیان نہیں پڑھا تھا اور صولت پبلک لائبریری والے نسخے کا عکس نہیں دیکھا تھا، مجھے معلوم نہ تھا کہ سرورق کے لفظ تخلص پر بے معنی نشان حقیقت میں سید محمد خاں کے دستخط ہیں۔ بہر حال میرے دو نسخوں میں سے ایک پر یہی دستخط بعینہ اسی جگہ موجود ہیں۔ وجہ نامعلوم۔ ہو سکتا ہے کہ انہوں نے سب نسخوں پر دستخط کئے ہوں مگر ایک چھوٹ گیا ہو یا چند ہی نسخوں پر دستخط کئے ہوں جن میں سے ایک میرے کتب خانے میں ہے۔۸)

اسی سے ضمناً یہ بھی معلوم ہو جاتا ہے کہ سر سید احمد خاں کے بڑے بھائی کا نام سید محمد احمد خاں تھا اور ان کا دلی میں چھاپہ خانہ بھی تھا۔

دیوان غالب طبع اول کا دیباچہ اور تقریظ فارسی میں ہے۔ تقریظ نواب ضیاء الدین احمد خاں نے لکھی ہے جو نیر اور رخشاں تخلص کرتے تھے اور غالب کے شاگرد تھے۔ تقریظ اگر مومن یا ذوق لکھتے یا غالب ان سے لکھواتے تو زیادہ بہتر ہوتا۔ شاگرد سے تقریظ لکھوانا عجیب سا لگتا ہے لیکن غالب اپنا نثری قصیدہ دیکھنا چاہتے تھے۔

رخشاں لکھتے ہیں:

"موحد کیش، صافی منش سودہ خوئی و فرخندہ کیش بزرگ نہاد پاکیزہ گوہر، فرشتہ سرشت آرزم گستر، کیں گزار مہر پرور، خرشید فروغ کیواں فکر، نکوہش نکوہ ستائش ستای، کشور معنی رادہ خدائی، سرتاسر وفاد فتوت، دیدہ تادل حیاو مروت

درک مصور، روح مجسم ۔۔۔ غالب جان و جان عالم

والا حسب، عالی نسب ہمی و واصی واپسیں در خشور، آداش حضر چار میں دستور، اعنی استادی، مرشدی، مولائی اخی مرزا اسد اللہ خاں بہادر المتخلص بہ غالب"۔۹)

غالب کے اشعار کی تعداد پر بڑی دلچسپ بحث ملتی ہے۔ حق یہ ہے کہ یہ کام یہ حساب و شمار عرشی یا ممالک رام یا شیخ اکرام کے بس کا نہیں تھا یہ کالی داس گپتا ہی کر سکتے تھے۔

چنانچہ مالک رام یا عرشی کے بیان کا تقابل کرتے ہوئے لکھتے ہیں کہ عرشی صاحب معتبر ترین محققین میں شمار کئے جاتے ہیں اس لئے مالک رام نے عرشی کے دعویٰ کو من و عن تسلیم کر لیا ہے مگر حیرت اس بات پر ہے کہ عرشی صاحب دونوں ایڈیشنوں کا مقابلہ کرنے میں اتنی بڑی چوک کیوں کر گئے۔۱۰)

انہوں نے ثابت کیا کہ دوسرے ایڈیشن کے اشعار کی کل تعداد ۱۱۵۸ ہے یا انچاس ۴۹ شعر شمار میں نہیں آسکے اس طرح تقریظ میں تعداد اشعار ۱۶۹۵ لکھی گئی ہے جب کہ صحیح تعداد اشعار ۱۷۹۶ ہے۔

مقدمہ کا بیہ حد معلومات آفریں، دلچسپ اور حقیقت پر مبنی حصہ توقیت غالب کے عنوان سے ہے۔ معلوم ہوتا ہے کہ نواب شمس الدین کے داروغہ شکار کریم خاں نے ولیم فریزئر کا قتل کیا تھا۔ شمس الدین خاں کے پھانسی پا جانے بعد غالب کی پنشن ساڑھے سات سو روپیہ انگریزی خزانے سے ملنے لگی۔

ضمناً یہ بھی درج ہے کہ ۲۰! ستمبر ۱۸۳۷ء کو فارسی زبان راج دربار سے خارج کر دی گئی ہے۔

۱۸۵۷ء مارچ، اپریل میں غالب کے رازدارانہ خطوط وائی رام پور کے نام تھے۔

سیاسی امور پر مشتمل ہونے کی وجہ سے غالب کی ہدایت پر ضائع کر دیئے گئے تھے۔

مولانا فضل الحق خیر آبادی کا انتقال ۱۹ اگست ۱۸۶۱ء کو ہوا۔

۱۸۶۴ء میں لطائف غیبی میاں داد خاں سیاح کے نام سے شائع ہوئی۔ رضا لکھتے ہیں کہ اس کے اصل مصنف غالب ہی ہیں۔ ۱۱)

یہ بھی معلوم ہوتا ہے کہ علاء الدین احمد خاں علائی (ولادت ۱۸۳۳ء وفات ۱۸۸۴ء) کے فرزند فرخ مرزا ولادت جنوری ۱۸۶۰ء وفات جنوری ۱۹۳۷ء کے لئے ہی غالب نے یہ معرکہ کا جملہ کہا تھا:

"میاں تمہارے دادا امین الدین خاں بہادر ہیں، میں تمہارا لدادہ ہوں"۔

معظم زمانی بیگم عرف بگا بیگم زین العابدین خاں عارف کی بڑی بہو کا انتقال ۱۹۴۵ء میں ہوا۔ ۱۸۵۲ء میں پیدائش ہوئی۔ ۱۸۶۴ء میں شادی ہوئی، ۱۸۷۶ء میں بیوہ ہوئیں۔ فخر الدین علی احمد مرحوم ان کے نواسے تھے۔

یہ ساری معلومات غالب کے سلسلے میں بھی اہم ہیں اور خود اپنی جگہ پر بھی ان کی بڑی قدر و قیمت ہے کہ ان میں انسانی زندگی کے وہ کردار ہیں جو ہزار ہا ناول اور افسانوں کے کردار سے زیادہ دلچسپ، عبرت انگیز، نصیحت خیز، تاریخ کے نشیب و فراز ار عروج و زوال کے مجسم مرقع ہیں۔

دیوان غالب کو کئی حصوں میں تقسیم کیا ہے۔ ۱۸۱۲ء میں کچھ غزلیں اور پتنگ بازی والی مثنوی ہے۔ ۱۸۱۶ء تک کلام کا معتدبہ حصہ ہے۔ ۱۸۱۶ء کے حصہ میں غالب کے مندرجہ ذیل اشعار بھی ہیں۔

نقش فریادی ہے کس کی شوخی تحریر کا۔۔۔ کاغذی ہے پیرہن ہر پیکر تصویر کا

-----۱۸۱۶ء ص ۱۴۰

شمار سبحہ، مرغوب بت مشکل پسند آیا۔۔۔ تماشائے بیک کف بردن صد دل پسند آیا

۔۔۔۔۔۱۸۱۶ء ص ۱۴۱

عرض نیاز عشق کے قابل نہیں رہا۔۔۔ جس دل پہ ناز تھا مجھے وہ دل نہیں رہا

۔۔۔۔۔۱۸۱۶ء ص ۱۶۱

دل میں ذوق وصل و یاد یار تک باقی نہیں

آگ اس گھر میں لگی ایسی کہ جو تھا جل گیا

۔۔۔۔۔۱۸۱۶ء ص ۱۶۶

آتا ہے داغ حسرت دل کا شمار یاد۔۔۔ مجھ سے مرے گنہ کا حساب اے خدا نہ مانگ

۔۔۔۔۔۱۸۱۶ء ص ۱۹۵

بنا کر فقیروں کا ہم بھیس غالب۔۔۔ تماشائے اہل کرم دیکھتے ہیں

۔۔۔۔۔۱۸۱۶ء ص ۲۰۳

نقش ناز بت طناز بآغوش رقیب۔۔۔ پائے طاؤس پے خامۂ مانی مانگے

۔۔۔۔۔۱۸۱۶ء ص ۲۵۶

بہت دنوں میں تغافل نے تیرے پیدا کی

وہ اک نگہ جو بظاہر نگاہ سے کم ہے

۔۔۔۔۔۱۸۱۶ء ص ۲۸۱

۱۸۱۶ء کے بعد والے اور ۱۸۲۱ء کے پہلے کے دور کے بھی کچھ اشعار ملاحظہ ہوں

غنچہ ناشگفتہ کو دور سے مت دکھا کہ یوں

بوسے کو پوچھتا ہوں میں منھ سے مجھے بتا کہ یوں

۔۔۔۔۔بعد از ۱۸۱۶ء ص ۲۹۴

وہ فراق اور وہ وصال کہاں۔۔۔ وہ شب و روز ماہ وسال کہاں

۔۔۔۔۔۔بعد از ۱۸۱۶ء ص ۲۹۴

ہم بھی دشمن تو نہیں ہیں اپنے۔۔۔ غیر کو تجھ سے محبت ہی سہی

۔۔۔۔۔۔بعد از ۱۸۱۶ء ص ۲۹۹

چاہئے اچھوں کو، جتنا چاہئے۔۔۔ یہ اگر چاہیں تو پھر کیا چاہئے

۔۔۔۔۔۔بعد از ۱۸۱۶ء ص ۲۹۹

مدت ہوئی ہے یار کو مہماں کئے ہوئے
جوش قدح سے بزم چراغاں کئے ہوئے

۔۔۔۔۔۔بعد از ۱۸۱۶ء ص ۲۹۹

پھر یہ شعر

لکھتے رہے جنوں کی حکایات خونچکاں
ہر چند اس میں ہاتھ ہمارے قلم ہوئے ۱۲)

۔۔۔۔۔۔بعد از ۱۸۱۶ء ص ۳۰۳

اشعار کی یہ تاریخ ترتیب بہت ساری غلط فہمیوں کا سدباب کرتی ہے ہم میں سے نہ جاین کتنے

"اے تازہ واردان بساط ہوائے دل"

والے قطعہ کو ۱۸۵۷ء سے متعلق سمجھ کر اور

"گلیوں میں میری نعش کو کھینچے پھرو کہ میں"

ازیں قبیل یہ سمجھتے تھے کہ غالب نے یہ سب شعر غدر کے زمانے میں کہے ہوں گے اور یہ سمجھ کر خوش ہوتے تھے کہ غالب کا کلام ان کے زمانے کے واقعات کی ڈائری

ہے۔

تخلیق کار کے لئے یہ کتنی بچکانہ بات تھی وہ حال کی ڈائری نہیں لکھتا بلکہ مستقبل کا افق اپنی گرفت میں لیتا ہے۔ غالب کے بہت سارے شعر ایسے ہیں جن کو پڑھئے تو ایسا لگتا ہے کہ "حال" کو اپنی گرفت میں لے لیا ہے۔

سرور صاحب نے

سائے کی طرح ساتھ پھریں سرو وصنوبر
تو اس قد دل کش سے جو گلزار میں آوے
کانٹوں کی زباں سوکھ گئی پیاں سے یارب
اک آبلہ پا وادی پر خار میں آوے

خواجہ منظور حسین کے حوالے سے لکھا ہے کہ ان دونوں اشعار سے مراد سید احمد بریلوی اور سرو وصنوبر سے مراد شاہ اسمعیل، مولانا عبدالحئی ہیں اور دوسرے شعر میں سید احمد بریلوی کی طرف اشارہ ہے۔

یہ غزل ۱۸۳۳ء میں کہی گئی ہے۔ فیصلہ اہل نظر کے ہاتھ ہے۔

رضا کا یہ کارنامہ خود ایک تاریخ ہے اور متنی تحقیق کا اعلیٰ ترین نمونہ۔ کہا جاتا تھا کہ تحقیق جس کا نام ہے وہ دکنیات میں ہی ممکن ہے۔ رضا نے اس مفروضہ کو ہر طرح سے غلط ثابت کر دیا۔

توصیف کے جتنے الفاظ انسانی ذہن سوچ سکتا ہے وہ سب اس شاہکار کارنامہ کو نذر کرتے ہوئے کچھ عرض بھی کرنا ہے۔ مثلاً ص ۳۹۶ پر درج ہے:

"در معنی سے میرا صفحہ لقا کی داڑھی۔ غم گیتی سے میرا سینہ عمر کی زنبیل"۔

عمر کا املا درست نہیں ہے۔ کسی کم سواد کاتب نے اسے الف سے لکھ دیا تھا مالک رام

صاحب نے اس کی توجیہ بھی کی لیکن عمر کے بعد "و" لازمی طور سے ہو گا یعنی "عمرو" لکھا جائے گا اور عمر پڑھا جائے گا۔

مقدمہ میں رضا صاحب نے حنیف نقوی کا نام بھی ان لوگوں کے ساتھ درج کیا ہے جنہوں نے قیمتی مشورے سے نوازا۔

حنیف نقوی نے "غالب احوال و آثار" میں غالب کے سال وفات پر بڑی تفصیل سے بحث کی ہے۔ گیارہ تحریریں ایسی درج کی ہیں جس سے ۱۷۹۴ء ۹! فروری یک شنبہ کا دن ان کی سال ولادت قرار پاتا ہے، انہوں نے بہت سے حوالے دیئے ہیں صرف کچھ کی طرف اشارہ کیا جاتا ہے:

۱۔ مکتوب بنام آرام ۳ مئی ۱۸۶۳ء

"میری عمر ستر برس کی ہے"۔

۲۔ مکتوب بنام صغیر بلگرامی۔ ۲۸ نومبر ۱۸۶۳ء:

"آج میں نے لیٹے لیٹے حساب کیا کہ ستروان برس جاتا ہے"۔

۳۔ مکتوب بنام ذکا۔ ۱۵ فروری ۱۸۶۷ء:

"میری عمر ۷۳ برس کی ہے"۔

۴۔ بنام محمد حسن خاں۔ ۱۰ مئی ۱۸۶۷ء:

"۷۴ برس کی عمر ہوئی"۔

۵۔ قاطع برہان میں غالب نے چھیاسٹواں سال لکھا ہے ۱۸۵۸ء اور ۱۸۵۹ء کے درمیان تصنیف ہوئی۔

۶۔ تذکرہ مظہر العجائب ۱۸۶۴ء میں لکھی گئی اس میں غالب نے خود کو ستر برس کی عمر کا آدمی کہا ہے۔

مندرجہ بالا حوالے ان گیارہ تحریروں کے علاوہ ہیں جو فوری ۱۷۹۴ء کی طرف اشارہ کرتی ہیں۔

حنیف نقوی صاحب نے جب مضمون لکھا تھا اس وقت رضا کا یہ نسخہ ان کے پیش نظر نہ تھا ورنہ داخلی شہادتیں بھی اس طرف اشارہ کرتی ہیں کہ مرزا کی تاریخ پیدائش ۱۷۹۷ء نہیں بلکہ ۱۷۹۴ء قرار پائے گی۔ مثلاً پٹنگ والی مثنوی ۱۸۱۲ء کی ہے یعنی ۱۵ برس کا لڑکا!! جیسا کہ عرض کیا گیا کہ یہ لڑکا آج کے دور کا نہیں ہے اس دور میں پندرہ برس کا لڑکا گورے پنڈے پر نظر نہیں کر سکتا تھا اور فارسی کی بیت پر اتنی شاندار گرہ نہیں لگا سکتا تھا۔

غزلوں کا بہت بڑا حصہ ۱۸۱۶ء تک کا ہے: ذہن قبول نہیں کرتا کہ
"نقش فریادی ہے کس کی شوخی تحریر کا"
اور وہ اک نگہ جو بظاہر نگاہ سے کم ہے
جیسے اشعار انیس سال کی عمر کے "سلمہٰ" نے کہے ہیں۔ یہ اکیس سال کی عمر کے بعد کا کلام معلوم ہوتا ہے۔ ۱۹ اور ۲۱ میں زمین و آسمان کا فرق ہو جاتا ہے۔

ہو سکتا ہے کہ رضا صاحب ان دلائل سے متفق نہ ہوں لیکن انہیں اس کا جائزہ لینا چاہئے تھا اور عرشی صاحب نے جس سرسری انداز میں غالب کے بیان پر بھروسہ کیا ہے اور قاضی محمد صادق خاں اختر کے تذکرہ آفتاب عالمتاب کے لئے جو اپنے حالات زندگی لکھے اور ۱۸۶۱ء میں علائی کو اردو خط میں اپنی پیدائش کی جو تاریخ لکھی انہوں نے اسے تسلیم کر لیا اور یہ غور نہیں فرمایا کہ تاریخوں میں تطبیق نہیں ہے۔ ہجری اور عیسوی سن میں اختلاف ہے۔ بہر حال رضا کی بحث ہوتی تو یہ مسئلہ حل ہو جاتا کہ غالب کی صحیح تاریخ ولادت کیا تھی؟ کوئی شخص بھی اپنی تاریخ ولادت صحیح نہیں بتلا سکتا لیکن قرائن اور

شہادتوں سے اس کا تعین ہو سکتا ہے۔ غالب کے بارے میں یہ طئے ہے کہ پنشن اور بہت ساری دھاندلیوں کی وجہ سے اور اپنے مزاج کی وارفتگی اور قمار و خمار کے دام میں اسیری کی وجہ سے جھوٹ بولا کرتے تھے۔ عبد الصمد کی فرضی تخلیق اس کا ثبوت ہے اس لئے ان کے بیان پر بھروسہ نہیں کرنا چاہئے۔

رضا نے فارسی کے شعر کی پوری بحث کی ہے لیکن یہ فیصلہ نہیں کیا کہ آخر یہ شعر کس کا ہے اور اس شعر کا خالق کون ہے۔ غنی کاشمیری نے اسے تضمین کیا ہے۔ ن، م، راشد نے مولانا روم کا ادبی چھکا لگایا مگر یہ نہیں معلوم ہو سکا کہ یہ شعر آخر کس کا ہے۔ حالانکہ اس شعر کی تحقیق رضا کے مذاق کے عین مطابق تھی۔

نسخۂ رضا میں تحقیق کے جتنے آداب ممکن تھے وہ سب برتے گئے ہیں یعنی فہرستیں ہیں، اشاریہ ہے، ضروری حواشی ہیں۔ یہ اشارہ بھی مل جاتا ہے کہ غالب نے ۱۸۳۳ء سے ۱۸۳۵ء تک، پھر ۱۸۳۵ء سے ۱۸۳۸ء تک اردو میں اشعار کم کیوں لکھے اور ۱۸۳۸ء سے ۱۸۴۵ء کے درمیان صرف شاہ جم جاہ کی دال کھا کر کیوں رہ گئے۔

جملہ صفحات ۵۸۳ ہیں، غالب کی چار نادر روزگار تصاویر بھی کتاب میں ہیں۔ کاغذ بھی بہت اعلیٰ درجے کا ہے۔ طباعت کے لئے بھی یہ کہا جا سکتا ہے کہ بہترین ہے۔

کتابت کی غلطی بہت تلاش کرنے پر بھی نہیں مل سکی جو ایک معجزہ ہے قیمت پانچ سو روپئے ہے جو کتاب کے صوری اور معنوی حُسن کے اعتبار سے بہت کم ہے۔ اگر کوئی لائبریری نسخہ رضا سے محروم ہے تو پھر اسے مرحوم سمجھنا چاہئے۔

بجنوری کے قول کی تصدیق نسخہ رضا دیکھنے کے بعد ہو جاتی ہے۔

حواشی:

۱) مقدمہ سے پہلے ص ۹ و ۱۰

۲) ص ۲۲

۳) ص ۲۴ و ۲۵

۴) ص ۲۶

۵) ص ۳۰

۶) نسخۂ عرشی ص ۷۱ (یہ نسخہ عزیز محترم پروفیسر جعفر رضا نے ازراہ لطف بروقت بھجوادیا)

۷) راقم الحروف اسے آٹھ نو دس برس کے لڑکے کا کلام تسلیم کرنے میں تکلف محسوس کرتا ہے۔ یہ مصرعے دیکھئے

میں کہاں اے دل ہوائے دلبراں۔۔۔ بس کہ تیرے حق میں کہتی ہے زباں

پیچ میں ان کے نہ آنا زینہار۔۔۔ یہ نہیں ہیں گے کسی کے یار غار

گورے پنڈے پر نہ کر ان کے نظر۔۔۔ کھینچ لیتے ہیں یہ ڈور سے ڈال کر

اور آخر میں رشتہ در نم افگندہ دوست

می برو ہر جا کہ خاطر خواہ ادست

اس زمانے میں کتنا ہی فارسی کا چلن کیوں نہ رہا ہو لیکن اس شعر کو چسپاں کرنے کے لئے کم سے کم بلوغ کی عمر درکار ہے حق یہ ہے کہ پتنگ اڑانے کا لطف بارہ، چودہ برس کی عمر میں اور پتنگ لڑانے کا مزا (غالب مہاراجا بلوان سنگھ سے پتنگ لڑایا کرتے تھے) ۱۵ سے ۱۷ برس کی عمر تک ہوتا ہے۔ اس دعوے کی کوئی دستاویزی دلیل نہیں سوائے اس کے کہ یہ واردات بھی ہے اور تجربہ بھی۔

۸) ص ۸۵،

۹) ص ۹۰ (خط کشیدہ راقم کا ہے) غالب کا چلن اور یہ فقرے

۱۰) ص ۹۳ ۱۱) سیاح کا شعر ہے

قیس صحرا میں اکیلا ہے مجھے جانے دو

خوب گزرے گی جو مل بیٹھیں گے دیوانے دو

یہ خارج از امکان نہیں کہ یہ شعر بھی غالب ہی نے لکھ کر دیا ہو۔ اساتذہ اس قسم کی بخشش کرتے رہے ہیں اور بعد میں پچھتاتے رہے ہیں۔

۱۲) آصف الدولہ کا شعر بھی ملاحظہ ہو

جو چاہیں کہ لکھیں کچھ احوال دل کا

تو ہاتھوں کو اپنے قلم دیکھتے ہیں

۱۳) دیکھئے حاشیہ

(۵) پروفیسر گیان چند جین۔ ایک تاثر

وہ اپنی ذات کے آئینہ میں دوسروں کو دیکھ کر خود کو پہچانتا ہے اور دوسروں کے آئینہ ذات میں خود کو دیکھ کر دوسروں کو پہچانتا ہے۔ یہی پہچان، یہی شناخت اور یہی تشخص زندگی کو تابندہ تر کرنے کا محرک بھی ہے اور بذات خود ایک اعلیٰ مقصد بھی۔

الہ آباد آخری نومبر ۱۹۵۶ء۔ ابھی جاڑے کی سرد ہواؤں میں وہ کاٹ نہیں آئی تھی جو پورے وجود کو ٹھٹھرا دیتی ہے۔ بس گلابی جاڑا، جس میں ذہنی ترنگ کچھ اور بڑھ جاتی ہے۔ شاید اسی ذہنی ترنگ کا نتیجہ تھا کہ ڈاکٹر اعجاز حسین کے سامنے مجھے اس طرح لب کشائی کی ہمت ہوئی!

اعجاز صاحب ایم۔ اے۔ (سال اول) میں داستان پڑھاتے تھے درجہ میں اس روز یہ بحث تھی کہ اردو کی نثری داستانوں میں کن تصانیف کو شمار کیا جائے! اعجاز صاحب سوال کرتے جاتے تھے ساتھی طلباء جواب دیتے تھے۔ اسی پر تبصرہ ہوتا مگر باغ و بہار، آرائش محفل، فسانۂ عجائب سے آگے بات نہیں بڑھتی تھی۔ اعجاز صاحب نے مجھ سے دریافت کیا اور میں نے بزعم خویش معلومات کے دریا بہا دیئے۔ داستان امیر حمزہ کے دفاتر، طلسم ہوشربا، فتنہ نور افشاں وغیرہ ہم کے ساتھ بوستان خیال میں خواجہ امان اور آغا مجو کی جلووں کے نام بھی گنا دیئے، حدائق انظار، ضیاء الابصار قسم کے نام جو سننے میں خاصے مرعوب کن اور خوفناک معلوم ہوتے تھے، وہ سب فرفر گردان گئے اور پھر جو ذہنی ترنگ آئی تو استاد سے یہ بھی کہا کہ دوحتہ الابصار کے علاوہ بوستان خیال کی اور جلدیں

یہاں کسی نے نہیں پڑھیں جناب مجھے تو پورا قصہ زبانی یاد ہے کہے تو طلسم اجرام و اجسام کے حکیم قسطاس الحکمت کا تعارف کراؤں اور اگر حکم ہو تو ملکہ شمسہ تاجدار، نو بہار گلشن افروز، صبح دلکشا، صبح رشون گہر کے سراپا کا بیان کروں۔ میرا تو یہ خیال ہے کہ میرے علاوہ شاید ہی کوئی۔۔۔"

بس یہیں پر اعجاز صاحب نے اپنے مخصوص لہجے میں ٹوک دیا۔ فرمایا "بھئی مجاور صاحب! آپ گیان چند کا مقالہ "اردو کی نثری داستانیں" پڑھ ڈالیں۔ آپ کو جو اپنی ناپختگی کا احساس ہے دور ہو جائے گا اور امتحان میں آپ پر اس کی افادیت ظاہر ہو جائے گی۔

استاد کے فقرے سن کر سناٹے میں آگیا۔ اس لئے کہ مجھے ناپختگی احساس کب تھا! میں تو خود کو کامل و اکمل سمجھ رہا تھا۔ ساری داستان باغ سیب کی پتلیاں بنی ہوئی خدمت کو حاضر رہتی ہیں۔۔۔ "ناپختہ "!" میں "گیان چند کی کتاب پڑھوں! یہ وقت مجھ پر پڑا ہے!!

انتہا بددلی سے عرض کیا" بہتر ہے! گیان چند کو بزرگ کہا اور کیا کیفی کے بڑے بھائی ہیں ؟" اعجاز صاحب میں حسن مزاح بے حد تھی ہم نے فرمایا "بزرگ نہیں ہیں۔ میرا شاگرد ہے ! یہیں سے کیا ہے۔ معقول آدمی ہے۔ میں نے اپنے تمام شاگردوں میں اس سے پڑھنے والا طالب علم نہیں دیکھا"۔

جین صاحب کا پہلا غائبانہ تعارف تھا جو مرحوم استاد ڈاکٹر اعجاز حسین کے ذریعہ ہوا تھا۔ اس کے پانچ سال بعد میں نے ۶۱ء جین صاحب کی ایک جھلک دیکھی تھی۔ وہ پروفیسر کے انٹرویو میں آئے، ساڑھے پانچ فٹ قد، نحیف الجثہ، اخروٹی رنگ کے بال، چشمۂ نظریں اور آتشہ، گورا رنگ جو سرخی سے بے نیاز تھا اور دانت طور پر ہنسی کے وقت ظاہر ہونے تھے۔ سوٹ پہنے ہوئے تھے ملنا چاہتا تھا، مگر اس وقت ایک بزرگ انٹرویو میں

اپنی نبرد آزمائی معرکہ آرائی کی داستان شوکت بیان بہ انداز رجز خوانی اس طرح تھے کہ ہٹنا ناممکن تھا جو ذہنی اہتزاز اور بالغ تفریح ایسے مواقع پر حاصل ہوتی ہے، اس ظرافت سے کچھ اہل ظرف ہی محظوظ ہو سکتے ہیں۔ چنانچہ جین صاحب چلے گئے اور پھر تیرہ سال کا ایک طویل وقفہ میرے اور ان کے درمیان حائل رہا۔ وہ مجھ سے بالکل ناواقف تھے اس لئے کبھی خط و کتابت کی بھی نوبت نہ آئی۔ میں نے اعجاز صاحب کی ہدایت کے مطابق ان کی کتاب "اردو کی نثری داستانیں" سے استفادہ کیا تھا۔ پڑھتے ہوئے نہ صرف اپنی کم علمی کا احساس ہوا تھا بلکہ خاصا مرعوب بھی ہوا تھا۔ اس لئے کہ اس میں ان تمام داستانوں کا توضیحی و تشریحی تذکرہ تھا جو میں نے پڑھی تھیں اور ساتھ ہی ساتھ بہت سی ایسی داستانوں کا بھی ذکر تھا جنہیں پڑھنا تو دور رہا نام سے بھی واقف نہ تھا۔ اس کا انداز بیان بھی دلچسپ تھا اور ایم اے کے امتحان میں اس سے مجھے بہت فائدہ ہوا تھا اور شاید اسی کا تاثر تھا کہ ۷۰ء میں "اردو مثنوی کا ارتقاء شمالی ہند میں" بھی پڑھ ڈالی۔ ان کی اس کتاب کا ذکر اعجاز صاحب اور عقیل صاحب نے کیا تھا۔ اس طرح جین صاحب کو کتابوں میں دیکھا، لیکن براہ راست کسی طرح کا تعارف ۷۴ء سے قبل نہ ہوا۔ ۷۴ء وہ میرے پی ایچ ڈی کے مقالہ کے زبانی امتحان کے لئے تشریف لائے۔ یہ بات میں کبھی نہیں بھول سکتا کہ باوجود اس کے کہ وہ نہ مجھ سے واقف تھے اور نہ کوئی تعارف تھا، انہوں نے مقالے کی رپورٹ صرف ایک ماہ کے اندر روانہ کر دی تھی جبکہ دوسرے ممتحن نے تقریباً دو سال بعد یہ کارنامہ انجام دیا تھا۔

جین صاحب سے زبانی امتحان میں تقریباً سوا گھنٹے تک گفتگو ہوتی رہی۔ مقالے کے کچھ پہلو ان کے خیال میں مناسب نہیں تھے۔ اقبال اس سلسلے میں ان کے اشعار کی توجیہہ اور تعبیر پیش کی گئی تھی۔ اس سے انہیں اختلاف تھا۔ میں ین مودبانہ طور پر ان کے کچھ

اعتراضات تسلیم کئے جن کا تحقیق سے تھا لیکن جہاں بھی توجیہہ تعبیر کا سوال پیش آیا میں نے ان سے یکسر اختلاف کیا اور اپنے دلائل پیش کئے۔ گمان تھا کہ میرے اس رویے سے کم از کم چڑچڑاہٹ تو ضرور پیدا ہو گی لیکن انہوں نے انتہائی خندہ پیشانی سے مسکراتے ہوئے میری پوری گفتگو سنی۔ میری نہیں تسلیم کی لیکن اسے یکسر خارج بھی نہیں کیا اور مجھے مبارکباد جن کی بعد میں یہ معلوم ہوا کہ انداز گفتگو سے موصوف بہت خوش ہوئے تھے۔ یہ پہلی ملاقات اس اعتبار سے بہت اہم تھی کہ نومبر ۱۹۷۴ء کے فروری ۷۵ء میں الہ آباد جب تشریف لائے تو الہ آباد یونیورسٹی نے شعبہ اردو کی فضا بدل چکی تھی۔ ڈاکٹر مسیح الزماں نے داعی اجل کو لبیک کہا تھا۔ ان کی حسرت ناک اور اچانک موت نے دل و دماغ مفلوج کر رکھا تھا۔ ان کا جیسا شفیق استاد دنیا سے اٹھا تو اپنے شاگردوں کے لئے دنیا اندھیری کر گیا۔ آنسوؤں کے چراغ جلائے اور ان کی یاد کو سینے سے لگائے جو خلا پیدا ہو گیا تھا اسے پُر کرنے کے لئے نگاہیں کسی کو ڈھونڈتی تھیں۔

جین صاحب آئے تو اس بار اسٹیشن پر تھوڑی دیر تک غیر رسمی گفتگو ہوئی پھر ۷۵ء اور جولائی ۷۶ء کے درمیان وہ کئی بار الہ آباد تشریف لائے اور ہر بار مجھے ملنے کا موقع ملتا رہا۔ اب میں انہیں خط بھی لکھنے لگا تھا اور از راہ عنایت اپنے شگفتہ طرز تحریر اور مکالمے کی سی فضا برقرار رکھتے ہوئے مجھے جواب بھی لکھتے رہے۔

اکتوبر ۷۶ء میں انہوں نے بحیثیت پروفیسر و صدر شعبہ الہ آباد یونیورسٹی میں چارج لیا۔ لیکن اس عہدہ پر آنے سے پہلے یہ کہا جا سکتا ہے کہ مجھے ان کے اعتماد کی دولت حاصل ہو گئی تھی اور جس طرح آنکھ بند کر کے انہوں نے مجھ پر بھروسہ کیا تھا وہ آج بھی یاد آتا ہے تو حیرت بھی ہوتی ہے، تعجب بھی ہوتا ہے اور شاید ان کی شخصیت کا یہی وہ جوہر رہا ہو جس نے آج تک مجھے ان کا بندہ بے دام بنائے رکھا ہے اس سلسلے کے دو واقعات سنئے۔

جین صاحب نے جموں سے مکان کے لئے خط لکھا۔ کچھ احباب نے مان دلانے کا وعدہ کیا تھا لیکن جب ان کا سامان آنے میں صرف تین روز باقی رہ گئے تو ان میں سے ایک صاحب نے اس طرح کی گفتگو کی کہ گویا مان نہ ملنا میرے ہی سبب سے ہے۔ ان کا استدلال یہ تھا کہ وہ مکان کیوں تلاش کریں، اس لئے کہ بھروسہ تو جین صاحب آپ (مجاور صاحب) پر کرتے ہیں۔ شدید روحی اذیت ہوئی اس لئے کہ انہوں نے جین صاحب کے سامنے وعدہ کیا تھا۔ لیکن ایسے مواقع پر صبر سادات کام آتا ہے۔ صبر کیا اور دوسرے روز کے اخبار میں ایک مکان کا اشتہار دیکھ کر اسے دیکھا اور پسند کیا اور سوا چار سو روپئے ماہوار کرایہ پر طئے کر لیا۔ دو روز بعد جب جین صاحب کا سامان آیا تو اسی مکان میں رکھوایا۔ بلامبالغہ لاکھوں کا سامان تھا جس میں کم سے کم پچاس ہزار روپئے کی تو کتابیں ہی رہی ہوں گی۔ (آج تک یہ قلق ہے کہ دو تین کتابیں کیوں نہ چرا لیں) یہ سامان رکھوایا گیا۔

ہر روز بعد جین صاحب اپنے بچوں کے تشریف لائے۔ وہ دن گیا اور آج کا دن نہ کبھی ہو، صاحب نے مکان کی شکایت کی نہ کرایے کی زیادتی کا شکوہ کیا اور نہ ہی یہ دریافت کیا کہ وہ کم کرایہ والا مان کیا ہوا۔ بڑی خندہ پیشانی سے ڈھائی سال تک سوا چار سو روپیہ کرایہ دیتے رہے۔

دوسرا واقعہ سنئے۔ انہوں نے اپنی کتاب "حقائق" کی کتابت اور طباعت کی ذمہ داری میرے سابقہ تجربات کی بناء پر میرے سپرد کی۔ میں نے خود ہی ان سے کہا تھا کہ مجموعہ مرتب کیجئے چھپ جائیگا۔ کتاب کا پروف میں نے ہی دیکھا لیکن وہ غلطیاں بنائی نہیں جا سکیں۔ کچھ غلطیاں ایسی بھی تھیں جنہیں میں غلطی نہ سمجھتا تھا۔ کچھ جین صاحب نے اضافے بھی فرمائے۔ بہر حال چار سو غلطیوں کا اغلاط نامہ شامل کیا گیا۔ اس کے بعد

میں نے عرض کیا:

جناب! اگر میں پبلکیشن منسٹر ہوتا تو اتنی غلطیوں کے بعد استعفیٰ دے دیتا بڑی ندامت اور شرمندگی ہے۔

جین صاحب نے ہنس کر میری بات ٹال دی۔ خیال تھا کہ اس کے بعد میں ذمہ دار آدمی نہ سمجھا جاؤں گا۔ کم سے کم اشاعتی معاملات میں وہ مجھ پر بھروسہ نہیں کریں گے لیکن اس کے بعد پھر ڈاکٹر پرکاش مونس کی کتاب "اردو ادب پر ہندی ادب کا اثر" اور جین صاحب کی کتاب "ذکر و فکر" میرے ہی زیر اہتمام چھپ رہی ہے۔ "ذکر و فکر" کی صورت یہ ہے کہ اسے کم از کم چھ مہینے پہلے چھپ جانا چاہئے تھا۔ جین صاحب کے ماتھے پر بل نہیں ہے اور کبھی کبھی انتہائی لاپرواہی سے یہ فرما دیتے ہیں "بھئی مجاور صاحب ذرا دیکھ لیجئے گا اب تو چھپ جانا چاہیے۔"

شعبہ میں آنے کے بعد کچھ ایسے حالات پیش آئے کہ میں بہت کم خدمت میں باریاب ہو پاتا تھا۔ جین صاحب کی بیٹی منیشا کی نومبر ۱۹۷۶ء میں شادی ہوئی اس کے بعد ان سے جنوری ۷۷ء میں ملا۔ پھر اپریل میں ملا اور پھر جولائی میں۔ ستمبر ۷۷ء میں یونیورسٹی میں لکچرر کی جگہ پُر کی گئی اور میرا تقرر ہوا۔ لیکن کچھ ایسے کرم فرما بھی رہ گئے تھے جنھوں نے الہ آباد یونیورسٹی کے دروازے گذشتہ سولہ سال سے میرے لئے بند کروا رکھے تھے۔ چنانچہ ایگزیکٹیو کونسل میں میرے تقرر کے خلاف مجھ پر یہ الزام لگایا گیا کہ میں پاکستانی ایجنٹ ہوں۔ میں عزیزی ڈاکٹر جعفر رضا کے ہمراہ بھی دو ایگزیکٹیو کونسل کے پاس گیا اور چار کے پاس تنہا گیا تاکہ اپنی صفائی پیش کر سکوں۔ وائس چانسلر استاد محترم ڈاکٹر نہجیلہ کے پاس بھی گیا لیکن۔۔۔ جہاں جہاں بھی گیا یہ معلوم ہوا کہ مجھ سے پہلے با جین صاحب کا فون پہنچ چکا ہے وہ بہ نفس نفیس ان ممبران سے مل چکے ہیں اور میری

پوزیشن کے سلسلے میں وضاحت اور صفائی پیش کر چکے ہیں۔ حالانکہ نہ میں نے ان سے کہا تھا اور نہ ہی مجھے یا کسی بھی مقرر ہونے والے لکچرر کو اس کی توقع رکھنی چاہئے کہ صدر شعبہ نام کی بھی سفارش کرے اور بعد میں صرف انصاف کی خاطر دوسرے کے لئے اہل دول کے دروازے کھٹکھٹائے۔

یہ وہ چھوٹے چھوٹے نقطے تھے جنہوں نے جین صاحب کی شخصیت کی اس تصویر کے نقوش ابھارے تے جو میرے ذہن میں اب بننا شروع ہو گئی تھی۔

جین صاحب کی شخصیت کے کئی گوشے اس وقت اور ابھر کر سامنے آئے جب ان کی سربراہی میں شعبہ اردو الہ آباد یونیورسٹی اور یونیورسٹی آف حیدرآباد میں کام کرنے کا موقع ملا۔ بحیثیت صدر شعبہ حیدرآباد یونیورسٹی میں تو جین صاحب کو ملا کر صرف تین افراد ہیں کسی طرح کا تصادم یا ٹکراؤ ممکن ہی نہیں۔ اس لئے یہاں جین صاحب کی صلاحیتیں اتنی زیادہ واضح نہیں ہیں جتنی وہ الہ آباد میں تھیں۔

شعبہ اردو الہ آباد یونیورسٹی میں اگر صرف انہیں اساتذہ کے درمیان کشاکش ہوتی تو شاید نزاکتیں اور پیچیدگیاں نہ پیدا ہوتیں لیکن طوطی پس آئینہ کی نوا سنجیاں قہر وغضب تھیں اور پس پردہ ساز کی جھنکار قیامت تھی۔ بظاہر شعبہ میں یہ لگتا تھا کہ ہر استاد اپنی جگہ پر ایک گروپ سے عقیل صاحب کے علاوہ کسی کے لئے بھی (کسی میں خود بھی شامل ہوں) یہ کہنا مشکل تھا کہ اسے پڑھنے پڑھانے سے دلچسپی رہ گئی ہے جہاں تک لکھنے کا سوال ہے اس سے یونیورسٹیوں کے اساتذہ کو اس لئے زیادہ دلچسپی ہوتی ہے ہے کہ اس طرح اپنی شخصیت بنتی ہے اور آگے ترقی کے لئے راہیں ہموار ہوتی ہیں۔

روزیک نے لکھا ہے "زیادہ سے زیادہ مالی امداد حاصل کرو۔ کتابوں کی لمبی لمبی فہرستیں تیار کرو۔ کتابیں شائع کر دیا مٹ جاؤ"

او بات صرف شعبہ اردو الہ آباد یونیورسٹی ہی کے لئے کیوں ؟ ہر جگہ دستانہ پہنے ہوئے ہاتھ نظر آتے ہیں جنہوں نے لہو کے ان چھینٹوں کو چھپا رکھا ہے جو علم اور درس کے قتل کے نام پر پڑے ہوتے ہیں۔ ایسے ہنگامہ خیز حالات میں کسی بھی صدر شعبہ کا انصاف کرنا بڑا مشکل ہو جاتا ہے۔ اساتذہ کرام کی لڑائی مندرجہ ذیل خطوط پر ہوتی ہے۔

(۱) کون کتنے گھنٹے پڑھائے گا (۲) کون سے درجات کو پڑھائے گا (۳) کون سے موضوعات کو پڑھائے گا (۴) کس پرچے کا کون ممتحن ہو گا (۵) اپنی سہولت کے اعتبار سے پیریڈ کا الاٹمنٹ کس طرح ہو گا (۶) کس کمیٹی میں کون کنیٹھی کرے گا وغیرہ۔ پھر ایک مسئلہ کمروں کا بھی ہوتا ہے کون کس کمرہ میں بیٹھے گا۔ اس کی کرسی دو فٹ اونچی کیوں ہے۔ کلاس کے روم میں نئی کرسیاں کیوں ہیں۔ میری میز کا پایہ کیوں لڑکھڑاتا ہے۔ "بابو" سے فلاں ٹیچر کیوں نزدیک ہے۔ ایسے حالات میں جین صاحب جیسا شخص جس کی دنیا صرف کتابوں تک محدود ہے، کتابیں پڑھنا کتابیں پڑھانا اور کتابیں لکھنا۔ انہوں نے فراست اور تدبیر سے نہیں، اپنی شرافت اور اپنے ایثار سے اس طرح کی گتھیوں کو سلجھایا اور ہمیشہ اس کے لئے کوشاں رہے کہ جائز طرح سے اپنے ساتھیوں کو فائدہ پہنچائیں چنانچہ انہوں نے کئی ایسی کمیٹیوں میں اپنے رفقاء کو بھیجا جہاں انہیں خود جانا چاہئے تھا مگر جہاں انہیں اپنے بجائے کسی دوسرے کو بھیجنے کا اختیار حاصل تھا۔ ایسی کمیٹیوں میں منفعت بھی ہوتی تھی۔ ایک بار تو مجھے بھی اس عنایت سے نوازنے کی کوشش کی تھی لیکن۔

اپنے جی ہی میں نہ آئی کہ پئیں آب حیات

وہ خود تکلیف اٹھا لیتے تھے مگر اپنے ساتھیوں کی سہولت کا خیال کرتے تھے چنانچہ ٹائم ٹیبل میں وہ ہر اس طرح کی ترمیم کے لئے تیار رہتے تھے جس میں ان کے کسی ساتھی

کو زحمت ہوتی تھی۔ عموماً جاڑوں میں پہلے گھنٹہ میں پڑھانا دشوار ہوتا ہے۔ جین صاحب نے بڑی خندہ پیشانی سے وہ صعوبت برداشت کر رکھی تھی۔

عام طور سے صدر شعبہ کی خصوصی توجہ حاصل کرنے کے لئے ایک حربہ بہت کارآمد سمجھا جاتا ہے۔ اپنے ساتھیوں کی شکایت، وہ بھی اس انداز سے کہ صدر شعبہ کو یقین ہو سکے کہ مذکورہ بزرگ اس کے خلاف سازشوں میں مصروف ہیں۔ یقیناً جین صاحب پر بھی یہ حربہ آزمایا گیا ہوگا لیکن نہ کبھی انہوں نے ایک ساتھی کی بات دوسرے تک پہنچائی اور نہ ہی اس کا کوئی اثر لیا۔ مجھے ہے کہ ایسے مواقع پر وہ اپنے مخصوص انداز میں "جی! جی جی۔۔۔ کرتے ہوئے بڑے صبر و سکون سے سب کچھ سننے کے باوجود بھول جاتے ہوں گے۔ انہوں نے ہمیشہ اس کی کوشش کی کہ لوگوں کے تعلقات ایک دوسرے سے خوشگوار رہیں اور بدگوئی اور غیبت سے ہمیشہ گریز بھی کیا اور حوصلہ شکنی کی۔

صدر شعبہ عام طور سے پروفیسر ہوتا ہے اور پروفیسر کو پڑھانا بھی پڑتا ہے۔ جین صاحب بحیثیت مدرس طلباء میں بڑی عزت و احترام کی نظر سے دیکھے جاتے ہیں۔ باوجود اس کے کہ وہ طلباء میں ہمارے جیسے کم علم افراد کی طرح گھل مل جانے کے قائل نہ تھے اور اپنے اور طالب علموں کے درمیان نسبتاً زیادہ فاصلہ تھے۔

اگر کسی کے سر پر دستار علم بھ ہو اور قبائے منصب بھی زیب تن ہو تو غرور، انانیت، کج ادائی، بے رخی خوشامد پسندی کے کانٹے بھی اس طرح دامن تھام لیتے ہیں کہ انہیں اہل دنیا کو رعب و دبدبہ، شان و شکوہ وقار اور شخصیت میں وزن نظر آنے لگتا ہے جین صاحب حالانکہ بالطبع خلوت پسند عزلت گزیں اور گوشہ نشین قسم کے آدمی ہیں مگر ان کے یہاں اس طرح کے عیوب کی پرچھائیں بھی نظر نہیں آتی۔ طالب علم ہو یا ساتھی

اساتذہ وہ بڑی خوش خلقی کے ساتھ ان کا استقبال کرنے انہیں پہونچانے آتے، گھر پر چائے یا شربت کے ساتھ کبھی نمکین اور کبھی شیریں بطور گزک سے ضیافت کرتے، کتابوں کے معاملے میں بھی طالب علموں کے ساتھ فراخدلی کا رویہ رہتا۔ مگر ایک حد تک۔! ان کے مزاج میں جو گہرائی ہے اس کا اندازہ ان کے اس رویے سے ہوتا ہے جو عام طور سے طلباء یا ساتھی اساتذہ کے ساتھ رہتا ہے۔ بظاہر یہ معلوم ہوتا ہے جیسے وہ بالکل بے نیاز ہیں اور انہیں کسی کے مسائل سے کوئی دلچسپی نہیں ہے لیکن بالکل ہی اچانک کسی طالب علم کو یہ معلوم ہوتا ہے کہ اسے کوئی گرانٹ مل گئی ہے یا اسکالرشپ مل گیا ہے یا اس کی فیس معاف ہو گئی ہے۔ ایک طالب علم کی مالی حالت بہت سقیم تھی جب اس نے داخلہ لیا تھا، اس وقت تو وہ بر سر کار تھا دوران تعلیم ملازمت بھی چھوٹ گئی اور یہ نوبت آ گئی کہ تعلیمی سلسلہ منقطع کرنا پڑے گا بظاہر سب سے زیادہ دلچسپی کا اظہار میری جانب سے ہوا اور مجھے اعتراف ہے کہ میں اس کی کوئی مدد نہیں کر سکا۔ سب سے زیادہ بے نیاز جین صاحب نظر آئے اور ایک دن یہ معلوم ہوا کہ انہوں نے یونیورسٹی کے ایک فنڈ سے اس کے لئے ڈھائی سو روپیہ کا انتظام کر دیا۔ کبھی کبھی اہل ضرورت ان کے پاس آئے ہیں اور خالی ہاتھ نہیں جاتے۔ ایک صاحب کی جیب کٹ گئی تھی روپیہ لے گئے۔ مجھے اتفاق سے معلوم ہو گیا۔ ورنہ نجانے کتنے ارہوں گے جن کے بارے میں معلوم نہ ہو سکا شخصیت میں یہ گہرائی ہر جگہ نظر آتی ہے۔ مجھے ان سے یہ شکوہ ہمیشہ رہا اور ہے کہ وہ جذباتی نہیں ہیں نہ میں نے کبھی انہیں زور سے قہقہہ لگاتے سنا نہ کبھی (ایک بار چھوڑ کر) آبدیدہ دیکھا نہ کبھی برہمی کا وہ انداز دیکھا جسے جلال میں آنا کہتے ہیں (ایک بار چھوڑ کر) عام حالات میں وہ اپنے ان دونوں بیٹوں کا بھی ذکر نہیں کرتے جو ان سے دور رہتے ہیں۔ شاذ و نادر بیٹی کا بھی تذکرہ آتا ہے اور دیکھنے والا اس نتیجہ پر پہنچتا ہے کہ جین صاحب کی

زندگی مشینی انداز کچھ اس طرح رچ بس گیا بس گیا ہے اور اتنی پتی تلی زندگی ہے کہ اس میں اس طرح کی جذباتیت کو دخل نہیں لیکن تین واقعات یاد آرہے ہیں۔ دیکھئے۔

(۱) الہ آباد یونیورسٹی شعبہ اردو کی جانب سے انہیں الوداعیہ دیا گیا۔ غالباً انہیں یہ احساس نہیں تھا کہ ساتھی اساتذہ طلباء و طالبات ان سے کس درجہ عقیدت و محبت رکھتے ہیں۔ طالب علموں نے اپنے والہانہ جذبات کا اظہار بڑے خوبصورت انداز میں کیا تھا۔ خصوصاً بدرالدین انصاری کی نظم علی اصغر نقوی کی تقریر اور جو الوداعیہ ایڈریس پیش کیا گیا تھا اس کی جذبات سے لبریز شاعرانہ زبان اور ان سب پر مستزاد ڈاکٹر سید محمد عقیل کی انتہائی مخلصانہ اور پر اثر تقریر تھی۔ جین صاحب جواب دینے کھڑے ہوئے حسب عادت انہوں نے پہلے تو اپنے ہی اوپر "سفری" پروفیسر کی پھبتی کسی۔ پھر ایک جگہ شعر کے سلسلہ میں غلط حوالہ دیا گیا تا اس کی تصحیح کی اور پھر اپنے تاثرات بیان کرتے رہے۔ تقریر کے اختتامی حصہ سے پہلے ہم سب نے یہ محسوس کیا کہ جین صاحب کی آواز میں تھرتھراہٹ پیدا ہو رہی ہے پھر ان کے ہونٹ کپکپائے اور فرط جذبات سے وہ صرف اتنا کہہ سکے "میں الہ آباد یونیورسٹی کو کبھی نہیں بھول سکتا" اور پھر بیٹھ گئے۔ چشمہ اتار کر اسے رومال سے صاف کرتے رہے اور دور سے دیکھنے والا بھی ان کی پلکوں کی نمی کو محسوس کر سکتا تھا۔ ہو سکتا ہے اس وقت انہیں میر کا شعر یاد آگیا ہو۔

پاس ناموس عشق تھا ورنہ
کتنے آنسو پلک تک آئے تھے

(۲) غصہ کسے کہتے ہیں شاید وہ اس کے مفہوم سے بھی ناآشنا ہیں لیکن الہ آباد میں ایک بار میں نے انہیں غصہ میں بھی دیکھا۔ وہ ایک سمینار کا انعقاد کرنے والے تھے اس میں ساتھی اساتذہ کو کچھ شکایت تھی میرے علم میں یہ بھی تھا کہ جو لوگ مدعو کئے جارہے

ہیں ان میں سے کچھ بری طرح گروہی سیاست کا شکار ہیں اور ان کی وجہ سے نہ صرف یہ کہ سمینار کامیاب نہیں ہو سکے گا بلکہ ان کی وجہ سے ہلڑ، ہنگامہ بھی کیا جائے گا۔ چنانچہ جب سب مخالفت کر رہے تھے تو ان میں یہ سراپا تقصیر بھی شامل تھا حالانکہ مخالفت کے اسباب الگ الگ تھے۔ جین صاحب تھوڑی دیر تک سب کے دلائل سنتے رہے، جواب دیتے رہے اور جب ایک طرح کی ضد اور گرم گفتاری کا احساس انہیں ہم لوگوں کی طرف سے ہوا تو انہوں نے انتہائی برہمی کے انداز میں کہا" بہتر ہے آپ لوگوں کا جو جی چاہے کیجئے میں جاتا ہوں " ان کا چہرہ ہو گیا تھا۔ چشمہ انہوں نے اتار کر رکھ دیا تھا۔ آنکھوں سے چنگاریاں نکل رہی تھیں۔ ہونٹ بھنچے ہوئے تھے اور ہاتھ کانپ رہا تھا۔ یہ لکھنا غیر فرط نہ ہو گا کہ یہ کیفیت مشکل سے نصف منٹ تک رہی اور جیسے ہی میں نے معذرت آمیز انداز میں معافی چاہتے ہوئے عرض کیا کہ پہلی بار آپ کو غصہ آ گیا اور یہ آپ کے شایان شان نہیں ہے تو دوسرے ہی لمحہ ان کے ہونٹوں پر پھر وہی گوتمی مسکراہٹ کھیلنے لگی تھی۔

(۳) حیدرآباد میں منیشا اپنی چھوٹی بچی کے ساتھ آتی تھی۔ جین صاحب سے میں نے منیشا کی خیریت پوچھی اور ساتھ ہی ساتھ بچی کے بارے میں بھی دریافت کیا۔ بچے کسی کے بھی ہوں مجھے بڑے پیارے لگتے ہیں اور پھر خصوصاً بیٹی کی بیٹی۔ چنانچہ میں بھی جین صاحب کے ہمراہ منیشا کی بیٹی کو دیکھنے گیا۔ جین صاحب نے بچی کو دیکھ کر ہاتھ بڑھایا اور وہ ان کی گود میں آ گئی۔ تھڑی ہی دیر بعد وہ اپنے دونوں ننھے ننھے ہاتھوں سے ان کے بالوں کو اور ان کی ناک کو اور ان کے گالوں کو نوچ رہی تھی۔ اس وقت جین صاحب کی نظروں میں بچوں جیسی بھولی چمک جاگ اٹھی تھی اور ان کے چہرے پر جذبات کی وہ لہریں ابھر آئی تھیں جو شاید ازل سے انسان اپنی معصوم محبت کے ساتھ رکھتا آیا ہے جین

صاحب کے سلسلے میں وہ میرے لئے ناقابل فراموش منظر تھا۔

لیکن بس اس کے علاوہ او کبھی میں نے انہیں جذبات سے مغلوب نہیں دیکھا۔ نہ کبھی پریشان نہ کبھی مسرور وشاداں نہ برہمی نہ جھلاہٹ۔ مزاج میں اس نپی تلی کیفیت کے لئے خود انہوں نے ایک بار یہ لکھا تھا کہ "میرے اندر راونیت" پیدا ہو چلی ہے۔ لیکن یہ "راونیت" صرف داخلی ہے خارجہ زندگی میں وہ انتہائی نوک پلک والے نفاست پسند آدمی ہیں۔ قیمتی مسہریاں اور اعلیٰ درجے کے صوفے، کرسیاں، مغلی طرز کی ڈائننگ ٹیبل نفیس اور اعلیٰ درجے کے کپڑے! صاف ستھرا اشرافیہ کا ماحول۔۔۔ ہم جیسوں کی لا ابالی طرز زندگی سے قطعی محروم و ناآشنا! ہر کام میں ایک اصول ایک ضابطہ۔ دو لڑکے ہیں۔ ایک پونا میں انجینئر ہے۔ ایک I.I.T کانپور میں اب تک زیر تعلیم ہے۔ اس مشن میں فارغ التحصیل حکم ملازمت کے لئے پونا جائے گا۔ چنانچہ جب وہ پڑ!رہا تھا معینہ تاریخ کو معینہ رقم اسے جاتی تھی، فلاں دن بنک سے روپیہ نکالنے کا ہے اتنا پیسہ بچا ہے، یہ جمع ہو گا، اس کی فلاں چیز خریدی جائے گی۔ وغیرہ وغیرہ۔ اس باضابطگی اور نفاست پسندی سے حُسن اتفاق سے ان کی اہلیہ مسز ارملا جین کا مزاج بھی ہم آہنگ ہے۔ انہوں نے ہندی سے ایم۔ اے کیا ہے، لیکن نوے فیصد ان کا وقت گھرداری میں گزرتا ہے۔ نہ وہ جین صاحب کے فرائض منصبی میں دخل دیتی ہیں یعنی عام پروفیسروں کی بیویوں کی طرح نہ سفارشیں کرتی ہیں، نہ شکایتیں۔ بلکہ خود کو شعبہ کے معاملات سے بالکل الگ تھلگ رکھتی ہیں اور اسی طرح گھریلو معاملات سے جین صاحب کو کوئی سروکار نہیں رہتا۔ غالباً کبھی بھی دونوں کے درمیان بحث کٹھ حجتی اور جذبہ تفوق کے اظہار کا کوئی موقع نہ آیا ہو گا۔ حالانکہ متوسط طبقہ میں م درس کی زندگی میں ہم آہنگی نایاب نہیں تو کمیاب ضرور ہے! اور پھر ایسا بھی کیا کہ ہفتہ میں ایک بار کھٹ پٹ نہ ہو۔ برتن ساتھ رہتے ہیں تو ٹکرانے

بھی ہیں۔ مگر جین صاحب کی زندگی میں اس تصادم کا دور دور تک امکان نہیں۔ دراصل مزاج کے اعتبار سے وہ "آویزش" کے نہیں "آمیزش" کے قائل ہیں۔ وہ اختلاف ڈٹ کر کرتے ہیں۔ مگر جھگڑا نہیں۔ یہ رویہ احباب کے ساتھ بھی ہے۔ مگر پھر یہاں یہ عرض کرنے کو جی چاہتا ہے کہ ان کے یہاں اس لفظ یعنی احباب کی مجھے بہت کم گنجائش نظر آتی ہے، یوں ان کا کوئی دشمن نہیں۔ سب ہی احباب ہیں۔ وہی اردو والے! محمد حسن، گوپی چند نارنگ، محمود الٰہی جیسے دیرینہ پروفیسر یا پھر حکیم چند نیر، حنیف نقوی جیسے شاگرد یا میرے اور عقیل صاحب جیسے کے معترف اور مداح۔۔۔

(ہر قسم کے) چھیتے ہیں جھگڑا ہوتا ہے، منایا جاتا ہے یہاں ایک کے دل کی دھڑکن دوسرے کے لب کی صدا بن جاتی ہے۔! میرا خیال اور مشاہدہ ہے کہ اس طرح کا حلقہ احباب تو در کنار کوئی ایک فرد بھی جین صاحب کا دوست نہیں! وہ اپنی افتاد طبع کی بناء پر گوشہ نشین، عزلت گزیں اور خلوت پسند ہیں۔ ان کا یارانہ صرف کتابوں سے ہے! انہیں کے ساتھ گپ بھی ہوتی ہوگی، جھگڑا بھی ہوتا ہوگا۔ ہاتھاپائی کی نوبت بھی آتی ہوگی۔ دوم آدم بیزار نہیں ہیں مگر آنا جانا، ملنا جلنا۔ یہ ان کے بس کا نہیں۔ کہیں کسی نشست یا ادبی اجلاس میں جانا ان کے لئے ایک اچھا خاصہ مسئلہ بن جاتا ہے۔ دعوت طعام سے وہ اس طرح خائف اور لرزاں رہتے ہیں کہ خدا کی پناہ! الہ آباد میں کبھی کسی ساتھی کے گھر نہیں گئے۔ کہا جاتا تھا کہ میرے اوپر خصوصی شفقت فرماتے ہیں لیکن تین سال کے دوران قیام میں صرف ایک بار منیشا کی شادی کے موقع پر ایک کپ چائے اور ایک بسکٹ سے سرفراز فرمایا۔ اللہ اللہ خیر صلا۔ حیدرآباد مہمان نواز قدردانوں کا شہر دلدار ہے! میرا کل وقفہ تادم تحریر ایک سو پچاس دن کا ہے اور میں نے اس عرصہ میں تقریباً ۸۰ دعوتیں یا یہ سمجھئے کہ احباب کے ساتھ کھانا کھایا ہے۔ میں اکثر جگر صاحب کو اس طرح یاد کرتا ہوں۔

اگر نہ دعوت یاراں ، کے درمیاں گزرے
تو پھر یہ کیسے کٹے زندگی، کہاں گزرے

ظاہر ہے کہ جین صاحب کے لئے سارا شہر حیدرآباد چشم و دل فرش راہ کئے ہوئے ہے۔ ان کی دعوتیں دگنی تگنی ہو سکتی تھیں۔ الہ آباد میں بھی یہ سلسلہ ہو سکتا تھا مگر یہ بھی ایک ستم ظریفی ہے کہ جین صاحب کے شناسا، مداح قدر داں ، عقیدت مند پرستار سارے کے سارے مسلمان ہیں اور شدت سے گوشت خور اور مرغ نوش! جین صاحب سبزی پسند ہیں اور FOOD HABITS کا بار بار ذکر کرتے ہیں۔ کھانے میں بھی وہی پتی تلی کیفیت ہے۔ روٹی خوب سینکی ہوئی دو ترکاریاں رات کے کھانے کے بعد ایک گلاس دودھ ، پھل، کھانے کے بعد کچھ شیرینی وغیرہ۔ جب یہ کہا جاتا ہے کہ کھانا سبزی پر ہی مشتمل ہو گا تو پھر جانے کا مسئلہ پیدا ہو جاتا ہے اور نتیجہ میں جین صاحب نہیں جاتے! اور جاتے ہیں تو نہیں کھاتے! حالانکہ وہ اپنی "بد توفیقی" کا تذکرہ کرتے ہیں مگر اس سلسلے میں خوش ذوق ہیں اور مٹھائیاں خصوصیت سے ان کی توجہات کا مرکز ہو سکتی ہیں اور مٹھائیوں میں بھی گڑ کی گزک۔ میں اس پہلو سے باخبر ہونے کی بناء پر کبھی کبھی ان کے لئے یہ تحفہ شیریں لاتا ہوں غالباً چار روپئے کا نصف کلو ملتا ہے۔ جین صاحب قبول کرنے کے بعد اس کی قیمت عطا فرماتے ہیں۔ مجھے شدید تکلیف ہوتی ہے۔ میں انکار کرتا ہوں۔ وہ اصرار کرتے ہیں۔ انکار اور اصرار کی اس تکرار میں انہیں اپنی معاشرتی روایات بتانی ہوتی ہیں۔ جہاں تحفہ بے جانا اور تحفہ قبول کرنا دونوں خوش تمیزی کلچر اور تہذیب کی علامت ہے اور داخل ثواب بھی ہے! وہ قدرے ناگواری کے ساتھ سکوت اختیار کر لیتے ہیں۔ دراصل انہیں اس کا قلق ہوتا ہے کہ میرے اتنے پیسے خرچ ہو گئے۔! آمد و خرچ کا حساب ان کا محبوب مشغلہ بھی ہے اور ہائی اسکول میں ریاضی میں امتیاز کے ساتھ کامیابی یعنی

DISTINCTION کا وہ پورا فائدہ ابھی تک اٹھاتے ہیں۔ یہ حساب اگر عام لوگوں کی طرح ہو تو کوئی خاص بات نہیں۔ ستم یہ ہے کہ ان کا اعلان بھی ہوتا رہتا ہے۔ فلاں راستے سے جانے میں آٹو رکشہ سے دو روپیہ ۸۰ پیسے خرچ ہو گا اور فلاں راستے سے دو روپیہ ساٹھ پیسے، اس لئے دوسرا راستہ درست ہے۔ رجسٹری کے بجائے لفافہ سک کام چل سکتا ہے۔ لفافہ بھیجنا بیکر ہے Inland میں کم صرفہ ہے۔ اتنے میل میں اتنا پٹرول خرچ ہو گا۔ پوری شیٹ کاغذ کے بجائے چوتھائی شیٹ مناسب ہے۔ وغیرہ وغیرہ اور یہ لطف خاص ان کے ساتھ بھی ہے جنہیں عزیز رکھتے ہیں، اگر مسلسل ساتھ ہو تو بادی النظر میں یہی تصور قائم ہوتا ہے کہ جین صاحب جو رس ہیں بلکہ کنجوس ہوں گے اور یہ تصور قائم کرتے وقت ان کی فیاضانہ مدارات اور پر تکلف ناشتہ کا خیال بھی دل سے جاتا رہے گا۔ ہر چیز میں حساب اور اس حد تک دلچسپی کہ پروفیسر اور ریڈر اور کبھی مجھ جیسا ہیچمداں بھی انکم ٹیکس نقشہ بھرتے وقت انہیں حساب دکھالیتا ہے۔ اور یقین رکھئے کیا مجال ہے جو ایک پیسہ کا فرق نکلے۔ روپیہ کس مصرف میں آنا چاہئے۔ کہاں لگانا چاہئے، کس کھاتے میں جمع کرانا چاہئے شرح سود کیا ہے، وغیرہ وغیرہ جھلا کر دل کہتا ہے خدایا یہ پروفیسر ہیں یا چارٹرڈ اکاؤنٹنٹ۔ اور پھر جب یہ معلوم ہوتا ہے کہ ماشاء اللہ اور خدا نظر بد سے بچائے لاکھوں کا سرمایہ محفوظ ہے تو پھر حیرت بھی نہیں ہوتی۔ مگر اب دو واقعات اور بھی سن لیجئے۔

(۱) منیشا کی شادی میں ہم سب کی یہ کوشش تھی کہ پیسہ کے خرچ میں کفایت کی جائے مگر جہاں بھی ایک روپے کے صرفہ سے کام چل سکتا تھا جین صاحب دو روپیہ خرچ کر کے اعلیٰ سے اعلیٰ انتظام چاہتے تھے۔

(۲) ۷۸ء میں میری بیٹی کی شادی طئے ہوئی۔ سمدھیانے والوں نے بہت کم وقت دیا۔ اکتوبر میں رشتہ طئے ہوا اور نومبر میں شادی کی تاریخ مقرر کی گئی۔ میں جین صاحب

سے مشورے لیتا رہا اور ان کی ہدایت پر کہ مسلمان متوسط طبقہ میں انجینئر داماد ملنا مشکل ہوتا ہے۔ شادی کے لئے تیار ہو گیا۔ ارشاد ہوا کہ کیا کیا انتظام کر لیا؟ کیا باقی ہے؟ کیسے کیا ہو گا؟ پورا حساب دکھایئے۔ آمد اور خرچ۔ میں نے اہلیہ کے ساتھ بیٹھ کر پورا حساب تخمینہ تیار کیا اور لے گیا۔ سارے ذرائع آمدنی اور متوقع اخراجات بتائے۔ ۳۵ ہزار کے اس بجٹ میں تخمیناً نو ہزار کا خلا تھا جسے پُر کرنے کے لئے کہیں سے قرض لینے کا ارادہ تھا۔ جین صاحب نے بڑے صبر اور سکون سے سنا، دیکھا۔ کچھ اخراجات میں تخفیف کا مشورہ دیا اور پھر اس کے بعد یہ بتانے لگے کہ انہوں نے اپنے بہت سے پیسے حال میں پھنسا دیئے ہیں اور کچھ زیادہ اخراجات ہو گئے ہیں، وہ کہتے رہے اور میں یہ سوچتا رہا کہ یہ سب مجھے کیوں سنا رہے ہیں۔ میں نے کچھ طلب نہیں کیا ہے پھر انہوں نے سود پر روپیہ کے نقصانات بتانا شروع کئے، میں نے اکتاہٹ کے ساتھ ڈائری بند کی اور احتراماً سر ہلاتا رہا۔ بالکل ہی اچانک انہوں نے ایک چک نکالا اور میری طرف بڑھاتے ہوئے کہا" آٹھ ہزار میں ہی اپنا کام چلائیں اور سود پر روپیہ نہ لیں" میں بھوچکا رہ گیا یہ ایک جزرس کا انوکھا اقدام تھا۔ میں ے عرض کیا کہ واپسی میں کافی وقت لگ جائے گا تو فرمایا کہ میں نے مدت کب معین کی ہے۔ آپ اپنی سہولت پر دیجیۓ گا!

(۳) تیسرا واقعہ شعبہ اردو کے چپراسی رفیق کا تھا، جس نے مجھے بتایا تھا کہ جین صاحب نے اس کی لڑکی شادی کے موقع پر ایک ہزار روپئے قرض دے کر اس کی مدد کی تھی۔!

وضعداری میرا ایمان ہے۔ آج بھی حیدرآباد میں جب میری جیب خالی ہوتی ہے، برملا اور بے تکلف ان پر ظاہر کر دیتا ہوں اور وہ مسکرا کر اپنے پرس کا جائزہ لیتے ہیں اور حساب کرتے ہوئے اسی معصومیت اور بے نیازی کے ساتھ مجھے روپیہ دے دیتے ہیں۔ یہ

سلسلہ آج بھی ہے انشاءاللہ اور رہے گا۔

یہ ساری عنایات شفقتیں اور محبت اپنی جگہ پر۔ لیکن جین صاحب کو کوئی ڈکٹیٹ نہیں کر سکتا۔ وہ کسی بھی طرح کا دباؤ برداشت ہی نہیں کر سکتے اور اس سلسلے میں "مصلحت اندیشی" کے لفظ کو بھی اپنے پاس نہیں پھٹکنے دیتے! مجھے یہ گمان تھا کہ مجھ پر جو عنایتیں ہیں اس کے پیش نظر اگر میں کسی کی سفارش کروں گا تو اس کی پذیرائی یقیناً ہو گی۔ الہ آباد کے ایک ڈگری کالج میں اردو کے لکچرر کی جگہ خالی ہوئی۔ میں نے ایک صاحب کی سفارش کی۔ جین صاحب بڑے صبر و سکون کے ساتھ سنتے رہے میرے امیدوار سے وہ خود بھی واقف تھے اس کے خلوص اور شخصی خوبیوں کے معترف اور مداح بھی تھے لیکن میں نے چہرے کے تاثرات سے یہ اندازہ لگا لیا کہ وہ میرے امیدوار کو اس جگہ کے لئے اہل نہیں سمجھتے! میں نے مسلسل کوشش کی، الفاظ کے جتنے سحر کار ترنج و نارنج و اخترمروارید تھے سب چلا ڈالے مگر مجھے ہر لمحہ یہ یقین ہوتا تھا کہ سارے حربے بے کار ہوتے جا رہے ہیں۔ اس لئے کہ جواب میں نہ صرف حرف اقرار تھا نہ انکار۔ بس سوت اور گوتمی مسکراہٹ! میری پوزیشن بے حد نازک تھی میرے دوست کے ساتھ ایک حاشیہ نشین بھی تھے جو انہیں ہر لمحہ یہ سمجھاتے رہتے تھے کہ مجاور صاحب اگر چاہیں گے تو لوح طلسم کامیابی ہاتھ آئے گی اور کالج کا در بند کھل جائے گا۔ مگر وہ نہیں چاہتے ہیں دھڑکتے ہوئے دل کے ساتھ لمحات گنتا رہا۔ یہاں تک کہ انٹرویو ہوا۔ مجھے خبر مل رہی تھی۔ انٹرویو ختم ہوتے ہی یہ معلوم ہو گیا کہ میرا امیدوار نہیں ہوا، تیسرے نمبر پر ہے۔ بہت کبیدہ ہوا۔ اپنے رنج کا بھی اظہار آج جب اس واقعہ کو ایک سال سے زائد گزر گیا ہے۔ میں جین صاحب معاملے کے سلسلے میں اسی طرح عزت کرنے لگا ہوں جس طرح منشی کے افسانے "نمک کا داروغہ" کے کردار بنسی دھر مرلی دھر کی قدر لگے تھے۔ ایسا نہیں ہے کہ میں نے اپنے

امیدوار کی اہلیت کے بارے میں رائے بدل دی ہے۔ نہیں۔ پہلے سے زیادہ معترف ہوں مگر یہ بھی بہت ہے کہ اس کی اہلیت کے جو پہلو مجھ سے روشن ہیں ان سے صاحب واقف نہ تھے۔ انہوں نے اپنے ضمیر کی آواز پر کام کیا۔ اگر وہ میری اسے اخلاق و محبت کا دباؤ قبول کرتے تو میں ان سے اور بہت سے کرالیتا اور پھر وہ چیز جسے انصاف کہتے ہیں شاید ان کے کردار سے ہو جاتی۔ جج کا فیصلہ ہمارے خلاف ہو سکتا ہے، اس سے غلطی ہو سکتی ہے، دیکھنا صرف یہ چاہئے کہ جج نے اپنے شعور اور اپنے کے مطابق فیصلہ دیا یا نہیں؟ اور جین صاحب کے بارے میں میری یہی دعا ہے کہ خدا انہیں ایسا ہی ضمیر کے مطابق کام کرنے والا، کسی طرح کا دباؤ نہ قبول کرنے والا بنائے رکھے۔ چاہے ان کے فیصلے میرے خلاف ہی کیوں نہ (آمین) یہ انصاف پسندی اور منصفانہ رویہ کی زندگی میں غالباً کی کثرت سے آیا ہے۔ وہ میزان عدالت کے دونوں پلڑوں کو برابر رکھنے کے قائل ہیں اور اسی سبب سے ادبی دنیا کی گروہ بندیوں سے بالاتر ہیں۔ وہ چند نارنگ اور شمس الرحمن فاروقی کے مداح اور قدر داں ہیں اور انہیں بہت چاہتے ہیں۔ وہ محمد حسن اور عقیل رضوی کے معترف اور قدر شناس ہیں انہیں بھی بے حد عزیز رکھتے ہیں۔ وہ قصہ قدیم و جدید کو دلیل کم نظری سمجھتے ہیں، افراط و تفریط اور انتہا پسندانہ نقطہ نظر کے بجائے جادہ اعتدال کے ہیں۔ زندگی بے شمار خانوں میں منقسم ہوتی ہے۔ یہ ضروری نہیں کہ ایک طرز انشاء پرداز صاحب کردار بھی ہو اور ایک تنقیدی بصیرت رکھنے والا لالچی۔۔۔۔۔ ایک رنگین مزاج، زہرہ جبینوں کا صحبت یافتہ پڑھا لکھا نہ ہو۔!۔۔۔۔۔۔ میں کئی انسان چھپے ہوتے ہیں جین صاحب ہر خوبی یا ہر نقص کا" حساب رکھتے ہیں اور جہاں جو بات مناسب سمجھتے ہیں اسے بے لاگ مگر۔۔۔۔۔۔ میں کہنے کے قائل ہیں۔ ان کی تحریروں میں یہ وصف نمایاں طور پر۔۔۔۔۔ یہ۔ ان سے اختلاف کیا جا سکتا ہے، ان کے تسامحات کی نشاندہی کی جا سکتی

ہے۔۔۔۔۔۔کی ذہانت اور حق گوئی کی تمنا پر شک نہیں کیا جا سکتا۔

یہاں ان کے علمی اکتسابات پر تفصیلی بحث کی گنجائش نہیں، مگر کسی عالمانہ شخصے کا تاثر بغیر اس پہلو پر روشنی ڈالے تشنہ رہ جاتا ہے۔ اس لئے صرف مختصر سے اشارے کئے جا رہے ہیں اور صرف ان گوشوں کی طرف توجہ مبذول کی جا رہی ہے جن کا تعلق ان کی سیرت سے ہے۔

جین صاحب کے سلسلے میں پہلے میں اپنے اور ان کے مشترکہ استاد اعجاز صاحب کا قول دہراؤں گا کہ "گیان چند نے بہت پڑھا ہے" اس میں کوئی دو رائے نہیں ہو سکتی۔ حیرت کی بات ہے کہ گذشتہ پندرہ سال سے پروفیسر ہونے کے باوجود آج تک وہ بدستور اسی رفتار سے پڑھے جا رہے ہیں ورنہ عام طور سے تو پڑھا اس لئے جاتا ہے کہ منصب مل جائے پروفیسر کو کمیٹیوں مختلف اداروں کے منصب اور جوڑ توڑ سے کہاں فرصت ملتی ہے۔ مگر جین صاحب باقاعدہ اب بھی چار پانچ گھنٹہ پڑھنے میں صرف کرتے ہیں۔ ان کی اپنی بہت باسلیقہ لائبریری ہے لسانیات عروض داستان مثنوی میں ان کا پایہ استناد مستحکم ہے۔ دوسرے موضوعات پر بھی بہت لکھا ہے۔ شاعر بھی ہیں اور چار ہزار کا مال دبائے بیٹھے ہیں۔ لیکن میں نے ان کے شعر نہیں پڑھے دو یا تین شعر پڑھے ہیں۔ وہ سنانے کے مریض بھی نہیں ہیں۔ البتہ غالب کے قصیدے

"دہر جز جلوہ یکتائی معشوق نہیں" کی پیروڈی میں نے پڑھی ہے خوب لکھی ہے۔ ان میں حُسن مزاج ہے۔ وہ تحریروں میں بھی جھلکتی ہے، گفتگو میں بھی۔ مگر جب تقریر کرتے ہیں تو دو چار فقروں سے بزم کو زعفران زار بنا دیتے ہیں۔ موڈ میں ہوں تو بہت اچھی تقریر کرتے ہیں جس میں لہجے کے سپاٹ پن کے باوجود الفاظ کی شگفتگی اور عالمانہ وقار سامع کو متوجہ کر لیتا ہے۔

وہ نقاد بھی ہیں اور محقق بھی۔ حالانکہ ان کے خیال میں محقق نقاد نہیں ہو سکتا۔ وہ تحقیق اور تنقید میں خط فاصل کھینچتے ہیں، اگر چہ بغیر تحقیق کے تنقید محال ہے۔ جب تک یہ نہ معلوم ہو کہ "موسم زمستاں" سودا کی تخلیق ہے ہے یا قائم کی، مرثیہ انیس کا ہے یا مونس کا، شعر میر کا ہے یا الحاقی، داستان طبع زاد ہے یا ترجمہ، تنقید کا عمل کیسے ہو سکتا ہے؟ مگر تحقیق کے معنی صرف دریافت کے نہیں ہیں۔ تحقیق تلاش حق ہے اور سچائی صرف تاریخ پیدائش، تاریخ شادی، اشعار کی تعداد یا نسخوں کے اختلاف متن کا نام نہیں ہے۔ سچائی فنکار کے تخلیقی عمل اس پر اثر انداز ہونے والے عوامل کا بھی نام ہے اور کسی بھی فنکار کی تخلیق کے بارے میں خلاء میں نہیں سوچا جا سکتا بلکہ اس کے سماجی تناظر میں اسے پر کھا جا سکتا ہے۔ جین صاحب نے اردو مثنوی کے ارتقاء میں تفصیلی طور پر سماجی پس منظر پر بحث کی ہے مگر اب وہ اسے پسند نہیں کرتے اور تحقیق و تنقید کی خانہ بند کرتے ہیں اور دریافت کنندگان کو محقق کے لفظ سے سرفراز فرماتے ہیں۔ وہ قاضی عبد الودود کا جہاں بھی ذکر آتا ہے "کھرے محقق" صفت ضرور لگاتے ہیں اور اس "کھرے پن" کے سلسلے میں کئی ذہنی تحفظات کی بھی نشان دہی کرتے ہیں۔ کھرا اسے کہتے ہیں جس میں کھوٹ نہ ہو۔ اردو تحقیق کو ہنوز اس محقق کا انتظار ہے۔

جین صاحب کچھ بھی کہیں ان کے مندرجہ فقرے تنقید ہی کے صف میں آتے ہیں اس میں "دریافت" نہیں ہے۔

"قاضی صاحب کی تحریریں کھتونی سازی کی انتہائی مثالیں ہیں۔ وہ صفحات کے صفحات فہرست سازی کی نذر کر دیتے ہیں" (بت شکن محقق)

مختلف اعتراضات کی صفائی کے سلسلے میں اعتراضات کا جواب انہوں نے جس خوبی سے دیا ہے وہ کتاب کے دوسرے حصے کی بیت الغزل ہے (مسعود حسن رضوی بحیثیت

نقاد) تحقیق متن کی دنیا کیمیا کی سی نمود ہے جہاں قدم قدم پر ادبی فریب بہروپ بھر کر سامنے آتے ہیں۔ متن کے محقق کو دھوکے کی ٹٹیاں توڑ کر حقیقتوں کو برآمد کرنا پڑتا ہے۔ (ایک اقتباس حقائق) اس طرح کے ہزارہا جملے پیش کئے جاسکتے ہیں جن میں تنقیدی بصیرت ہے اور تحقیق یعنی دریافت سے اس کا کوئی تعلق نہیں۔

جین صاحب تحقیق و تنقید کے لئے براہ راست تخاطب، صاف اور سلجھا ہوا لہجہ استعمال کرتے ہیں۔ آج کی تحقیق پٹواری کا خسرہ اور تنقیدی اصطلاحات کی غیاث اللغات ہوتی ہے۔ اصطلاحات کی بیساکھی کے بغیر نقاد قدم نہیں اٹھاتا۔ ادعائیت، کلیت سریت، معنویت، لاارادیت، معروضیت، انفعالیت اور شریت یہ وہ سکے ہیں جن کے مفہوم سے ناآشنا انہیں تنقید کا مہر معجل بناتے ہیں اور یہ مہر ادا ہو ہی نہیں سکتا۔ اس لئے عروس معنی سے وصل کا خواب شرمندہ تعبیر نہیں ہوتا۔ دوسرا پہلو نگار خانہ تنقید کی آرائش کا مغربی نقادوں کے اقوال اور گراں گوش ناموں کا بے محل استعمال ہے۔ ایزرا پاؤنڈ، ایلیٹ، سارتر، یاسپرس، مارسل، کرکے گارڈ کاسو، کلنچھ، بردک، ولک، کافکا اور نہ جانے کتنے نام۔ یہ حضرات مشرق کو حقیر سمجھتے ہیں۔ انہیں بھبوتی، کالی داس، پائنی، ابن رشیق سے دلچسپی نہیں اور دور کیوں جایئے۔ ان میں سے بیشتر ایسے بھی ہیں جنہوں نے اردو کے تذکرے اور تنقید براہ راست نہیں۔ پڑی ہے۔ ہر ادب سے استفادہ کرنا چاہئے مگر احساس کمتری کے تحت دکان سجانے کے لئے نہیں۔ جین صاحب اس نقص سے بری ہیں۔ ان کی تحریر مرعوب کن نہیں ہوتی کبھی اس میں ادبیت کی چاشنی بھی ہوتی ہے۔ حالانکہ وہ کہتے یہی ہیں کہ انہیں خوش لفظی پسند نہیں اور آزاد سے بہت زیادہ بددل نظر آتے ہیں لیکن ان کے یہاں فقرے خوب ملتے ہیں۔

(ا) "کلیم الدین احمد نے ضرب کلیمی سے ایک طرف شعراء پر ہلہ بول دیا۔ قاضی

صاحب۔۔۔گذشتگان پر اپنا گرز گاؤ سر چلاتے ہیں"۔

(۲) "طلسم ہوشربا کے خالقین نے ان پر ایسا گلدستہ پھینکا کہ وہ بالکل مسحور ہو کر رہ گئے ہیں"۔

(۳) تمثیل میں موج تہہ نشین کی طرح معنی چھپے رہتے ہیں۔

(۴) تمثیل استعاروں کی لڑی ہے۔

اور وہ خود اس طرح کے فقروں کو دوسروں کے یہاں پسند بھی کرتے ہیں۔ اس سلسلے میں حقائق ص ۱۸۳ تا ۱۸۶ کلیم الدین احمد کے استفادے سے بھرپور فقروں کی پسندیدگی اس کی بین مثال ہے۔

اور یہ سارے فقرے اسی گدرائے بے نوا اور شاہ ادب آزاد کے چربے ہیں۔

جین صاحب انتہائی فہم و احتیاط سے کام لیتے ہیں اور ہر فقرہ ناپ تول کر لکھتے ہیں وہ مؤدب اختلاف کرتے بھی ہیں اور اگر ان کے اختلاف کیا جائے تو اسے ناپسند بھی نہیں کرتے۔ حنیف نقوی ے "شاعر" میں ایک مضمون لکھا اور ان سے اختلاف کیا۔ جین صاحب نے اس مضمون کی تعریف کی، خود بھی اپنے مضمون اخلاقیات تحقیق میں اپنی غلطی کی نشاندہی کی ہے۔ مجھے ان سے زیادہ تر اختلاف رہتا ہے۔ وہ آزاد کے معرف نہیں اور آزاد میرے نزدیک نقطہ اول ہیں۔ وہ محمد حسین جاہ کو احمد حسین قمر پر ترجیح دیتے ہیں اور میرے گھونسہ لگتا ہے۔ مرثیے پر ان کی اچھی نظر ہے۔ مگر انہوں نے ایک ذہنی بنا کر اپنے کو محسوس کر لیا ہے کہ یہ تو کسی ایک فرقہ کے لئے مخصوص ہے۔ ان سے اکثر بعض معمولی غلطیاں بھی ہو جاتی ہیں مثلاً اردو کی نثری داستانیں ۵۹۷ پر طلسم ہوشربا کے سلسلے میں انہوں نے الفاظ کے انتخاب کہیں کہیں احتیاط سے کام نہیں لیا ہے۔ کہیں کہیں مشاہدے کی کمزوری کا بھی ثبوت دیتے ہیں۔

بشریت نام ہے غلطیاں بھی کرنے کا۔! میں نے کوشش کی ہے کہ شخصیت کے ہر پہلو کی جھلک دکھا سکوں اور آپ انہیں ان کے گھر میں کرتا پاجامہ پہنے ہوئے، کبھی اسٹڈی میں مصروف مطالعہ گھریلو فضا میں دیکھ سکیں! یونیورسٹی میں صدارت کی کرسی پر بھی اور دوستوں، شاگردوں اور ادیبوں کے جھرمٹ میں بھی۔ حالانکہ مجھ سے عمر میں صرف سات سال بڑے ہیں اور انہوں نے مجھے پڑھایا نہیں ہے، یہاں تک کہ عروض بھی نہیں، جبکہ میں ہر دوسرے تیسرے ان سے اشعار کی تقطیع کی فرمائش کرتا رہتا ہوں اور خود بھی غلط تقطیع کر جاتا ہوں۔ صرف ڈی لٹ کے لئے وہ میرے نگراں ہیں مگر میں انہیں اپنا استاد سمجھتا ہوں۔ ان میں گرد اور سالک کی صفات پاتا ہوں اور ان کا بے حد احترام کرتا ہوں۔ مجھ میں ان میں کوئی شئے مشترک نہیں۔ وہ خلوت پسند میں ہنگاموں کا رسیا میں عقائد کے ساتھ اس کی فرغ یعنی عمل وعبادات کا بھی قائل، گوشت خور، جوش گفتار کا دلدادہ، انداز گفتگو بھی پر از تصنع، خوابوں کے جزیرے میں خیال کی تتلیاں پکڑنے والا، لاابالی اور جین صاحب اس سب کی ضد ہیں۔ میں ان کے ساتھ گذشتہ تین برس سے ہوں اور اپنے ان تمام مزاجی اور ادبی مسائل پر اختلافات کے ساتھ ہوں۔ میرے لئے تو وہ ایک سرمایہ ہیں۔ میں انہیں اپنے لئے پارس سمجھتا ہوں مگر مجھے حیرت ہے کہ میری شوخ چشتی، جسارت اور میرے اختلاف کرنے کے باوجود وہ مجھے کیسے برداشت کر رہے ہیں الہ آباد سے حیدرآباد تک۔ اور شاید میرے عدم آباد جانے تک۔ وہ مجھے بھگتتے رہیں گے۔! مگر کیوں؟ آپ اگر سمجھ گئے ہوں تو بتایئے۔

(۶) ستارے کا سفر اجمل اجملی کی یاد میں

یہ ۴۹ء کی بات ہے۔ مجھ سے ننھے (مصطفے زیدی) نے اپنی گونجیلی اور بھاری آواز میں کہا: "مجاہور! ان سے ملو۔ یہ اجمل ہیں۔"

میں نے اس لڑکے کی طرف دیکھا جس کے چہرے پر ہلکی سی مسکراہٹ تھی۔ وہ مجھ سے بھی دبلا نظر آرہا تھا۔ بال گھنگھریالے تھے بلکہ ضرورت سے زیادہ لچھے دکھائی دے رہے تھے اور عمر کے اعتبار سے وہ میری ہی ہم سن معلوم ہو رہا تھا۔

ننھے صاحب نے مزید کہا۔

یہ دائرہ شاہ اجمل میں رہتے ہیں اور بہت اچھے شعر کہتے ہیں۔

بات آئی گئی ختم ہوگئی۔ لیکن کچھ دنوں بعد یہ معلوم ہوا کہ اجمل کے دوستوں میں غلام زکریا (کراچی میں ہیں) اور رضا احمد (مرحوم) بھی ہیں۔ یہ دونوں لڑکے حسن منزل میں ہی رہتے تھے اور یادگار حسینی اسکول (اب کالج) کے طالب علم تھے۔ ان لوگوں نے بھی اجمل کی تعریف کی اور یہ معلوم ہوا کہ اجمل یادگار کے بہت ممتاز طالب علم ہیں۔

وہ اکثر آتے تھے اور ان سے ملاقات کے دوران یہ اندازہ ہوا کہ اسرار ناروی (ابن صفی) بھی ان سے متاثر ہیں۔ بھیا (عباس حسینی مرحوم) بھی ان پر شفقت کی نظر رکھتے تھے۔ جب غور کیا تو معلوم ہوا کہ اس کے کئی اسباب ہیں۔ پہلی بات تو یہ کہ وہ الہ آباد کے بہت مشہور خانوادے سے تعلق رکھتے تھے اور وضعداری، شرافت، حفظ مراتب یہ صفات اور وہ گویا ہم معنی تھے۔ علمی اعتبار سے ان ایک الگ وصف یہ بھی تھا کہ وہ ہم

لوگوں میں سب سے زیادہ فارسی جانتے تھے۔ میں نے اور ننھے صاحب نے ہائی اسکول تک فارسی پڑھی تھی اور اسرار فارسی کو فارسا کہتے تھے اور مذاق اڑایا کرتے تھے۔ راہی (معصوم رضا) اس وقت تک اردو کے علاوہ اور کسی زبان سے دلچسپی نہیں رکھتے تھے۔ اجمل فارسی عربی پڑھ کر آئے تھے اور وہ درس انہوں نے حاصل کیا تھا جو خانقاہوں میں مرشد نوازوں کے لئے ضروری تھا۔ ان کی عام معلومات بھی بہت بہتر تھی۔ حالانکہ وہ راہی، ننھے اور راقم الحروف کے ہی ہم عمروں میں شمار کئے جاسکتے تھے اس لئے کہ وہ پانچ سال سے کچھ کم ہی چھوٹے تھے اور اتنا کم فاصلہ عموماً ہم عمر بنادیتا ہے لیکن اجمل ہم سب کا بہت لحاظ کرتے تھے۔ ایک مخصوص سلیقہ تھا جس کے ساتھ وہ اپنے بزرگوں کے درمیان رہتے تھے۔ بھیا کا تو بے حد احترام کرتے تھے۔ انفرادی تعلقات کے ساتھ وہ ادارہ نکہت سے بھی بہت مانوس تھے۔

اسی زمانے میں نکہت کلب کی داغ بیل پڑی اور گورکھپور میں نکہت کلب کی پہلی کانفرنس ہوئی۔ نکہت کلب اور اس کانفرنس کے صدر کارواں جمال رضوی تھے۔ (بعد میں شکیل جمالی بھی ہو گئے) گورکھپور میں کانفرنس کے ساتھ ایک مشاعرہ بھی ہوا تھا۔ اس مشاعرے میں الہ آباد سے ننھے صاحب، اجمل، نازش پرتاپ گڑھی اور سلام مچھلی شہری ہم لوگوں کے ساتھ روانہ ہوئے۔ مشاعرے میں یوں تو بہت "سنسنی خیز" باتیں ہوئیں جس کی رپورٹ بھی ننھے صاحب نے "ایک چراغ جلتا ہے" کے عنوان سے عمر قریشی کے نام سے لکھی لیکن اس مشاعرے کا ایک اہم پہلو یہ تھا کہ سترہ اٹھارہ برس کے اجمل بحیثیت شاعر بہت کامیاب رہے۔ ان کے اشعار پر ان کی شخصیت کی طرح ترقی پسندی مسلط تھی۔ ننھے صاحب، علی سردار جعفری یا ساحر لدھیانوی ہی کی طرح للکار کر پڑھنے کا طرز تھا لیک ان لوگوں کی طرح وہ "شعری تقریر" نہیں کرتے تھے بلکہ شعر کو

شعر کی طرح پڑھتے تھے۔

انہوں نے کانفرنس میں بھی حصہ لیا اور تبارک اللہ کے خلاف ستیش سریواستو کی ایک عہدے کے لئے پر زور وکالت کی۔ اس سے یہ بھی اندازہ لگایا جاسکتا کہ وہ بہت صاف ستھرے اور غیر متعصب ذہن کے مالک تھے۔

یہ ۱۹۵۰ء کی بات ہے۔

اس کے سال بھر بعد داناپور میں نکہت کلب کی کانفرنس ہوئی۔ داناپور کانفرنس کا افتتاح آنجہانی انوگرہ نرائن سنہا (چیف منسٹر بہار) نے کیا تھا۔ پہلی بار مشاعرہ کے ہیرو راہی معصوم رضا تھے۔ ان کا ترنم، ہیجانی شاعری اور ان کی شخصیت کا جادو، وہ مشاعرے کی فضاء پر چھائے ہوئے تھے۔ اس مشاعرے میں سلام اور ننھے صاحب بھی تھے۔ راہی کے علاوہ۔۔۔ عظیم آبادی کی نظم "کہ لو سی یاد تیری پھر آتی یہ" بہت مقبول ہوئی تھی۔ ان سب کے درمیان اجمل تھے۔ وہ بھی بہت کامیاب رہے تھے۔ شاعر کی حیثیت سے ان کی شخصیت الہ آباد اور الہ آباد کے باہر خاصی معروف ہو چکی تھی۔ ۱۹۵۲ء میں ننھے صاحب پاکستان چلے گئے، الہ آباد میں ان کی کمی اجمل ہی پوری کر رہے تھے۔ وہ ننھے صاحب جیسی وجیہہ شخصیت کے مالک تو نہیں تھے مگر ان کی شخصیت کے گرد "خانقاہی ہالہ" انہیں انفرادیت عطا کرتا تھا۔ ترقی اور کمیونسٹ پارٹی سے ان کی شدید وابستگی کی وجہ سے ان کے ارد گرد بہت سے شعراء نظر آتے تھے۔ اجمل حتیٰ الامکان اپنی شخصیت کو پس منظر میں رکھ کر دوسرے شعراء کی شخصیت کو پس منظر میں رکھ کر دوسرے شعراء کی شخصیت کو ابھارنے کی کوشش کرتے تھے۔ ان کا کلام چھپوانے کے لئے مدیران رسائل کو خطوط لکھتے، سفارشیں کرتے مگر اپنے لئے نہ کبھی کسی سے کچھ کہا نہ خط لکھوایا۔ ان کا گھر خاص طور پر باہری کمرہ "شاعر خانہ" تھا۔ یہاں آئے دن شعری نشستیں اور

محفلیں ہوا کرتی تھیں۔ یونیورسٹی میں جب وہ آئے تو ان کی ایک ادبی حیثیت بن چکی تھی۔ شری کرشن داس، اوپندر ناتھ اشک، بھیروں پرشاد گپت، کامریڈ ضیاء الحق، علی سردار جعفری ان شخصیتوں میں سے تھے جنہوں نے اجمل کے گھر پر نشستوں کو خطاب کیا تھا۔

اس زمانے میں جب وہ یونیورسٹی آئے تو بہت سے ہونہار طلباء کی طرح انہیں پروفیسر اعجاز حسین کی سرپرستی ملی۔ اعجاز صاحب کردار ساز شخصیت تھے جو طالب علم بھی ان کے قریب آتا ان سے ضرور متاثر ہوتا۔ اجمل نے بھی ان سے بھرپور تاثر قبول کیا۔ اجمل کے بارے میں "میری دنیا" میں اعجاز صاحب لکھتے ہیں۔۔۔

"اجمل صاحب اپنے ہم جماعت طلباء میں سب سے بہتر طالب علم تھے۔ خاص بات یہ تھی کہ وہ تحریر کے علاوہ تقریر میں بھی خوش کلام تھے۔ شعر گوئی میں بھی فرو تھے۔ سعادت مندی کے ساتھ خلوص و وفا کے عناصر بھی ان کو امتیازی شان بخشتے تھے۔ چنانچہ اول درجے میں امتحان پاس کیا۔ ساتھیوں میں اول بھی آئے اور جب سے آج تک غالباً چار سال سے زیادہ ہوئے بالواسطہ یا بلاواسطہ وہ ڈپارٹمنٹ سے منسلک ہیں۔ اس لئے کہ اردو زبان و ادب سے ان کو شغف ہے اور شان و وفاداری کے خلاف ہے کہ اس سے صرف اس لئے دست بردار ہو جائیں کہ اب وظیفہ نہیں ملتا۔ یہ سب کچھ ہے مگر خانقاہی اخلاق جو ان کے خمیر میں داخل ہے وہ ان کو اپنا نہیں ہونے دیتا۔ وہ بزرگوں کے دور اور اخلاق کو آج کی اعلیٰ قدروں کا نمونہ بنانے کے لئے غیر شعوری طور پر کوشاں رہتے ہیں۔ چنانچہ اپنے گھر کو ادبی سرائے بنائے ہیں۔ مسافران ادب جب اور جس وقت آئیں مکان کا دروازہ کھلا ہے۔ کھانا حاضر ہے۔ بارہ بجنے کے بعد بھی لوگ اشعار سنا رہے ہیں اور اجمل صاحب نہ صرف جاگنے کی مصیبت میں مبتلا ہیں بلکہ چار و ناچار آنکھ مل مل کر داد دے

رہے ہیں۔ اس لئے کہ مہمان کی خاطر آداب خانقاہ میں داخل ہے۔ اس سے گریز یا انحراف کیسے ممکن ہے۔ کسی جاننے والے کا کام معمولی ہے وہ اجمل صاحب کے اکرامداد چاہتا ہے۔ اجمل صاحب غیر سوچے سمجھے چلے جارہے ہیں۔ اپنے ضروری سے ضروری کام کی قربانی کر رہے ہیں۔ نتیجہ یہ ہوا کہ بڑی مشکل سے کئی سال کے بعد یونیورسٹی سے ڈاکٹر کی ڈگری لے سکے۔"

محترم استاد ڈاکٹر اعجاز حسین کے یہ فقرے اجمل کے مزاج اور نفسیات پر پوری روشنی ڈالتے ہیں۔ جس زمانے میں وہ ایم اے کے طالب علم تھے اس وقت بھی یہی عالم تھا اور ایم اے کے بعد بھی اور پھر جب وہ دلی چلے گئے تو اس وقت بھی یہی کیفیت رہی۔ لیکن حلیہ یہ رہا کہ بہت تھوڑے لوگ آخری لمحات میں ان کے ساتھ اپنی وضعداری نبھا پائے ورنہ بعض لوگوں نے تو اپنے دور عروج میں اس زمانے کو بھی بھلا دیا جب اجمل نے انہیں کسی طرح کا بھی سہارا دیا تھا۔

ایم اے تک میرا ان کا ساتھ اس طرح رہا کہ وہ میرے سینئر تھے۔ میں نے ان سے بہت پہلے بی اے کیا تھا لیکن میرا تعلیمی سلسلہ منقطع ہو گیا تھا۔ اجمل بھی حاضری اور یونیورسٹی کی سیاست کی وجہ سے لڑھکتے ہوئے ۱۹۵۵ء میں ایم اے تک پہنچے تھے۔ انہوں نے ایم اے میں پوری فیکلٹی میں دوسری پوزیشن حاصل کرنے کی بناء پر نقرئی تمغہ پایا تھا۔ ان سے پہلے یہ اعزاز ڈاکٹر عقیل اور ڈاکٹر مسیح الزماں کو ملا تھا انہیں شعبے کی تمام سرگرمیوں سے دلچسپی تھی۔ یہاں تک کہ انہوں نے ایک ڈرامے میں اداکاری کے جوہر بھی دکھائے تھے۔ وہ بڑے اچھے مقرر بھی تھے اور تقریری مقابلوں میں وہ اول آتے تھے۔ یونیورسٹی کی سیاست میں ان کے احباب میں کیدار ناتھ سنگھ اور جنیشور مشرا قابل ذکر ہیں۔ دونوں مرکزی منسٹر رہ چکے ہیں • مگر ایک دلچسپ بات یہ تھی کہ وہ خود الیکشن

میں کبھی کامیاب نہ ہوئے۔ جب وہ بی اے میں تھے تو محمد عظیم اردو اسوسی ایشن کے سکریٹری تھے اور اس کے بعد سکریٹری پر کنوینز اور وائس پریسڈنٹ حاوی رہے۔ علی حیدر رضوی (ڈاکٹر) شعبہ اردو میں الیکشنی سیاست میں ان کے حریف رہے۔ دونوں اپنے اپنے امیدوار لڑاتے تھے اور بادشاہ گری کی کرسی پر بیٹھے رہا کرتے تھے۔ عموماً (ایک بار چھوڑ کر) ڈاکٹر علی حیدر کامیاب رہے۔ مگر یوں دونوں میں بڑی قربت رہتی تھی۔

ان کے احباب کے تذکرے کے بغیر شاید ان کی شخصیت کا تعارف ممکن ہی نہیں۔ بہت سارے نام ہیں۔ صرف کچھ نام لکھے جارہے ہیں۔ شاعروں میں ڈاکٹر بشیر بدر، افتخار اعظمی کافی عرصے تک ان کے گھر پر رہے۔ محبوب اللہ مجیب (مرحوم)، نافع رضوی، شبنم نقوی، قیصر الہ آبادی، سعید سہروردی ان کے دوست تھے۔ فضیل جعفری (ایڈیٹر انقلاب) کو بہت "انٹلی جنٹ" کہا کرتے تھے۔ اسلام بیگ چنگیزی، غلام علی انصاری، مشتاق احمد انصاری بھی ایسی شخصیتیں ہیں جو اجمل کی شخصیت کی تصویر کا فریم کہی جاسکتی ہے۔ غلام علی کے بارے میں معلوم نہیں کہاں ہیں لیکن ۹۰ء میں بھیا کے انتقال کے موقع پر اجمل تعزیت پیش کرنے جب الہ آباد آئے اور میری گفتگو ہوئی تو وہ زبان حال سے یہ کہتے ہوئے معلوم ہوئے کہ "چھوڑ گئے جب سارے ساتھی، تنہائی نے ساتھ دیا۔"

دہلی میں یقیناً ان کے بہت سے دوست رہے ہوں گے۔ جو بھی سبب رہا ہو، لیکن محسن زیدی، پروفیسر عنوان چشتی، ڈاکٹر علی جاوید اور مہدی عبادی کے علاوہ اور کسی کا تذکرہ مجھ سے نہیں کیا۔ میری اہلیہ کو باجی کہتے تھے اور جو کہتے تھے وہ سمجھتے بھی تھے۔ چنانچہ میرے دونوں بیٹے سہیل اور عسکری جب دہلی میں رہے تو برابر اجمل کے یہاں حاضری دیتے تھے اور ان پر ویسی ہی گرفت رکھتے تھے جیسی میں رکھ سکتا تھا۔ وہ مجھ سے اسی رشتے کی بناء پر علی الاعلان مزاح فرماتے تھے۔ ان کا ایک خط نقل کیا جارہا ہے۔

سید مجاور حسین رضوی صاحب قبلہ!

ان دنوں کچھ عجیب سی ذہنی کیفیت میں مبتلا ہوں۔ طبیعت بھی اچھی نہیں ہے۔ ہر ہفتے معائنے کے لئے جاتا ہوں۔ کمبخت بلڈ پریشر اکھڑ اور البیلے محبوب کے مزاج کی طرح ہر وقت اترتا اور چڑھتا رہتا ہے۔ کبھی کم کبھی زیادہ جسے ڈاکٹر تشویشناک سمجھتے ہیں۔ ان دنوں میں کس رنگ میں ہوں اس کا اندازہ ان اشعار سے ہو گا۔

یہ عہد ترک تعلق بجا سہی لیکن
کبھی ملا نہ کرو غیر کی طرح ہم سے
یہ داغ دل نہیں یادوں کے چاند سورج ہیں
بسی ہے، شور ہے، دنیا گناہ آدم سے
رگوں میں دوڑ رہا تھا لہو اچھال دیا
اٹھا لئے فصل جنوں فیض پر نم سے
چلو اتار دیں فرزانگی کا تنگ لباس
کہ سانس رکنے لگی احتیاط پیہم سے

کہو کیسی لگی؟ ہاں وہ آپ میرے لئے اپنے کالج میں کوئی جگہ نکال رہے تھے؟ میں اس قدر اوب گیا ہوں کہ یہاں سے نکلنا ہی چاہتا ہوں۔ الہ آباد ہو تو یہ سکون رہے گا کہ
"پہنچی وہیں پہ خاک جہاں کا خمیر تھا۔"

آپ کا اجمل اجملی

(۷) حکم چند نیر : یادوں کے چراغ

آج سے چوبیس سال پہلے ڈاکٹر جعفر رضوی نے بنارس یونیورسٹی کے ایک صاحب کا تذکرہ کیا تھا کہ ان کی "فتوحات" اور "کارنامے" عجیب وغریب ہی نہیں محیر العقول بھی ہیں۔ یہ بات احتشام حسین صاحب کے گھر کے سامنے ہو رہی تھی اتنے میں دیکھا کہ کسے ہوئے بدن اور سرخ و سفید رنگت والے ایک صاحب سیاہ شیروانی پہنے ہوئے چلے آرہے ہیں۔ سگریٹ منہ لگی معلوم ہوتی تھی اور آواز میں غیر معمولی بھاری پن اور کھنک تھی۔ سرسری سا تعارف ہوا، پھر وہ احتشام صاحب کے پاس تشریف لے گئے اور ڈاکٹر جعفر رضا نے بتایا کہ یہی صاحب حکم چند نیر ہیں۔

بلاشبہ ان کی شخصی وجاہت متاثر کن تھی۔ لیکن چہرے سے ایسے تاثرات ظاہر نہ ہوئے تھے جن سے علمی تبحر یا مدرسانہ وقار کا اندازہ لگایا جا سکتا بلکہ دیکھنے سے یہ معلوم ہوتا تھا کہ بے حد جذباتی اور ہیجانی شخصیت ہے۔ مزاج کی سیماب وشی کا اندازہ سگریٹ سلگاتے ہوئے انگلیوں کی خفیف سی تھرتھراہٹ سے ہوتا تھا۔

پھر یوں ہوا کہ مسیح صاحب صدر شعبہ اردو ہو کر بنارس گئے اور کچھ دنوں بعد واپس بھی آگئے۔ ان کی گفتگو سے نیر صاحب کے بارے میں کوئی اچھا تاثر نہ قائم ہو سکا۔ ۱۹۷۴ء میں کرسچین کالج میں لکچرر کا تقرر تھا۔ وہاں میں نے نہ صرف یہ کہ انہیں دیکھا بلکہ بھگتا بھی اور بعد میں "سید کے جلال" کا مظاہرہ بھی کیا۔ ۱۹۷۵ء میں جب مسیح صاحب کا انتقال ہوا تو چک کے امام باڑے میں جس وقت ضیاء الحسن صاحب سورہ رحمن کی تلاوت

کر رہے تھے، میں نے دیکھا کہ نیر صاحب چلے آرہے ہیں۔ دہی سیاہ شیروانی، ڈھیلی مہری کا سفید پائجامہ۔ لیکن اس وقت نہ ان کے لہجہ میں کوئی کھنک تھی نہ چہرے پر بشاشت۔ آنکھوں میں آنسو بھرے ہوئے تھے اور ایک پیکر یاس والم نظر آرہے تھے۔ وہ مودبانہ منبر کے پاس بیٹھ گئے۔ جب تک تلاوت ہوتی رہی، سر جھکائے رہے۔ جب مجلس شروع ہوئی تو ہتھیلی پر ٹھوڑی ٹکائے کبھی ذاکر کی طرف دیکھتے کبھی سر جھکا لیتے۔ یہ تو یاد نہیں کہ مصائب سید الشہداء کے موقع پر وہ رورہے تھے یا نہیں۔ لیکن اتنا ضرور یاد ہے کہ جیسے ہی مسیح صاحب کا تذکرہ شروع ہوا، ان کی آنکھوں سے آنسو گرنے لگے تھے۔ مجلس کے بعد بھی وہ بڑی دیر تک مسیح صاحب کا تذکرہ اچھے الفاظ میں کرتے رہے اور کچھ ایسا محسوس ہوا کہ پہلے ان کے بارے میں جو رائے قائم کی تھی وہ درست نہ تھی۔

خیال ہوا کہ شاید وہ اتنے برے آدمی نہ تھے۔!

کچھ ہی دنوں کے بعد یعنی ۱۹۷۶ء میں پروفیسر گیان چند جین الہ آباد یونیورسٹی کے صدر شعبہ اردو ہو کر آگئے۔ ان کا علمی تبحر، وسعت مطالعہ، ان کے مزاج کا انکسار اور اس دور بلاخیز میں بہر حال کسی حد تک ذہنی ایمانداری بے حد متاثر کن تھی اور ہے۔ وہ کم از کم میرے لئے میکدہ علم کے پیر مغاں تھے۔ ان سے یہ معلوم ہوا کہ نیر صاحب ان کے شاگرد ہیں اور یہ کہ وہ انہیں بہت عزیز رکھتے ہیں۔ میں نے ان کو نیر صاحب کی طرف سے اپنی بیزاری کی وجہ بتائی تو انہوں نے اسے کوئی اہمیت نہ دی بلکہ اس رجز خوانی کو بھی سرسری طور سے نظر انداز کر دیا جس میں نیر صاحب کے لئے دھمکیاں بھی تھیں اور جب نیر صاحب آئے، انہوں نے میرا تعارف بھی کرادیا اور طرفین سے ایک دوسرے کے بارے میں کلمات خیر بھی کہے۔ نیر صاحب نے میرے الہ آباد یونیورسٹی میں تقرر پر خوشگوار تبصرہ کرتے ہوئے یہ بھی کہا کہ:

"متن کی تدریس پر توجہ نہیں دی جاتی۔ آپ کی وجہ سے یہ توقع ہے کہ آپ متن پر توجہ دیں گے"۔

اس عرصے میں ان سے دو تین مرتبہ ملاقات ہوئی۔ کسی طرح کے جذباتی لگاؤ کا مظاہرہ نہ ان کی جانب سے ہوا اور نہ میری جانب سے۔ لیکن یہ بھی تھا کہ کسی طرح کی تلخی کا احساس بھی ہم دونوں کے درمیان نہیں رہ گیا تھا۔

پھر میں حیدرآباد یونیورسٹی میں چلا آیا۔

"اچانک ایک روز حیدرآباد میں میری رہائش گاہ کے سامنے محاذ جنگ سے واپس آئے ہوئے کسی فوجی کرنل کی طرح وہ نظر آئے مجھے حیدرآباد آئے ہوئے صرف دو سال ہوئے تھے اور حُسنِ اتفاق کہ اہلیہ بھی موجود تھیں۔ نیز صاحب نے مصافحہ پر معانقہ کو ترجیح دی اور یا علی یا علی کہتے ہوئے داخل ہوئے۔ پھر اچانک پلٹ کر بڑے ڈرامائی انداز میں کہا:

"قصور معاف ہوا۔!!"

عرض کیا: "اب تو یاد بھی نہیں رہا کہ آپ کا جرم کیا تھا۔!"

کہنے لگے: "پیر مغاں کے یہاں اس لئے نہیں گیا کہ بس وہاں جائیں گے تو وہی ہندوانہ کھانا ملے گا"۔

میں نے ہنس کر بات ٹال دی۔ حیدرآباد سے جانے کے بعد خط لکھا اس کے کچھ حصے ملاحظہ ہوں:

"بھائی۔ جب سے یہاں آیا ہوں تبھی سے تمہارے بارے میں سوچتا رہا ہوں۔ کیا سوچتا رہا۔؟ بہت معمولی سی بات تھی۔ یہ کہ ہمیں آپس میں ملنے کا کبھی موقع کیوں نہیں ملا؟ کیا وجہ تھی کہ آپ مجھ سے نہ ملے یا میرے بارے میں آپ کے ذہن میں کسی نے

کوئی غلط فہمی پیدا کر دی تھی۔! میرے ذہن میں تو ایسی کوئی بات نہ تھی لیکن مجھے تو آپ سے بات کرنے کا کبھی موقع ہی نہ مل سکا۔ میں لیکچرر، ریڈر اور پروفیسر ہوتے ہوئے بھی ان عہدوں میں کبھی کوئی فرق نہیں رکھا۔ کیونکہ عہدے کا خناس میرے ذہن میں کبھی پیدا ہی نہیں ہوا۔ علم کے بارے میں خدا کا شکر ہے کہ میں کسی غلط فہمی میں مبتلا نہیں رہا۔ ہمیشہ ایک طالب علم رہا ہوں۔ آپ کو ملا تو جی خوش ہوا۔ ایسے لوگ اب کہاں ہیں دکھ ہوا تو اس بات کا کہ آپ سے پہلے کیوں نہ مل سکا۔ کتنے اور کیسے گدھوں کے ساتھ بات کر کے وقت ضائع کیا۔ لیکن آپ کے ساتھ بات کرنے کا کبھی موقع نہیں ملا۔ اور اس دن بھی زبردستی مولوی محمود الٰہی کے چنگل سے نکل آیا۔ تھوڑی دیر ہی کے لئے تو رک سکا، اس میں سے بہت سا وقت تکلفات رسم و رسوم اور دیگر باتوں میں گزر گیا۔ آپ سے تو کوئی بات ہی نہ کر سکا۔ لیکن ایمان کی بات کہتا ہوں کہ آپ سے اس تھوڑی دیر کی ملاقات میں خلوص، لگن اور بھابھی و بچوں سے محبت اور مسرت اور آپ کے طلباء سے خلوص و محبت دونوں جھولیاں بھر بھر کر لایا ہوں۔ وہ آج تک پچھلے پچیس برسوں میں کہیں سے نہ لایا تھا"۔

ایک ایک لفظ سے محبت ٹپکتی ہے اور پھر یہ محبت بڑھتی ہی گئی مگر بعد مکانی نے بہت کم ملنے کا موقع دیا۔ کہاں بنارس اور کہاں حیدرآباد۔ لیکن خط و کتابت برابر ہوتی رہتی تھی۔ وہ خطوط کیا تھے میرے لئے ایک گراں قدر سرمایہ تھا، جنہیں پلکوں پر سنبھال کر رکھا ہے۔ ان کے خطوط مزیدار، لذیذ، دلچسپ اور کارآمد ہوتے تھے۔ ان کا مزاج بھی یہ تھا کہ بے تکلفی سے باتیں کرتے ہوئے اچانک سنجیدہ گفتگو کرنے لگتے۔ مگر کہیں بھی انانیت کا شائبہ نہیں ہوتا تھا:

"مونگ کی دال کی کھچڑی یا کدو اور ترئی کے سہارے کب تک آدمی فریضہ زوجیت

ادا کرتا رہے گا یوں بھی ایک بزرگ کے قول کے مطابق بیس سے چالیس تک! جب جی چاہے، چالیس سے پچاس تک گاہے ماہے اور پچاس کے بعد جب اللہ چاہے"۔

اس غیر سنجیدگی کے ساتھ ذرا یہ عبارت بھی ملاحظہ فرمایئے:

"بھائی، میں ہنگاموں اور ہنگامہ آرائیوں سے دور رہنا چاہتا ہوں۔ میرا شعبہ بہت چھوٹا ہے۔ اس لئے میں کوئی بڑی ذمہ داری اپنے سر لینا نہیں چاہتا ٹیچرس اسوسی ایشن کے سالانہ اجلاس کے لئے شکیل الرحمن سابق وائس چانسلر بہار یونیورسٹی مظفر پور نے شاید پچاس ہزار کی رقم یو، جی، سی، سے منظور کرائی تھی۔۔۔ اینڈ کمپنی کو نکالے جانے کا خطرہ تھا۔ انہوں نے بلا وجہ کانفرنس ملتوی کر دی مظفر پور والوں سے بات کی جائے تو وہ شاید اب بھی میزبانی کے لئے تیار ہوں گے۔ بہار میں ہو جائے تو اچھا ہو گا۔ گورنر کو مدعو کیا جا سکتا ہے یہ میری ذمہ داری ہو گی۔"

یہ تو ذرا سنجیدہ مسائل آ گئے۔ عموماً خطوط میں شخصیات کا تذکرہ رہا ہے ملاحظہ ہو:

"ڈاکٹر صاحب (گیان چند) بہت نیک انسان ہیں، ایسے ظرف والے اردو میں کہاں۔ ہمارے یہاں تو کیا ہے کہ ہم چوں ماخرے نیست۔ بخدا آپ خوش نصیب ہیں۔ میری صرف یہی خواہش پوری نہیں ہو سکتی کہ مجھے ڈاکٹر صاحب کے ساتھ کام کرنے کا موقع ملتا۔ حالات ہی ایسے رہے۔ الہ آباد آ گئے تھے تو سوچا تھا کہ اب ان سے استفادے کے مواقع بکثرت ملیں گے۔ لیکن وہ تو پا در رکاب تھے۔ ادھر آئے ادھر جانے کا اعلان کر دیا۔"

"ڈاکٹر گور بخش سنگھ صاحب نہایت نیک نیت، ایماندار اور باحوصلہ آدمی ہیں۔ میں انہیں پچھلے پندرہ برسوں سے جانتا ہوں۔ انہوں نے اپنے شعبے کو یہاں زمین سے اٹھا کر آسمان پر بٹھا دیا خدا کرے کہ انہیں ایک اور Term مل جائے تو آپ کی یونیورسٹی کے

بنیادی کام مکمل ہو جائیں۔ اردو کا الگ شعبہ قائم ہو جائے گا تو اچھا ہو گا۔"

بعض جگہ ان کے بڑے تیکھے جملے ملتے ہیں۔ ایک خط میں لکھتے ہیں:

"میں ہنگامہ پسند نہیں کرتا۔ ہنگاموں میں لوگوں کا دماغ خراب ہو جاتا ہے۔ وہ آدمی سے زیادہ پروفیسر بن کر رہ جاتے ہیں"۔

"اردو کے نیم مردہ جسم میں اب جان تو ہم لوگ کیا ڈالیں گے لیکن اسے کفنانے دفنانے اور دھوم دھام سے جنازہ نکالنے کا اہتمام تو اردو والے کر ہی سکتے ہیں۔ ابھی اتنے بے غیرت تو ہم نہیں کہ آخری رسوم کا کام دوسروں پر چھوڑ دیں"۔

"محبت، عزت اور خلوص، دل کی چیزیں ہیں۔ ان کا اظہار بر سر عام کرنا ضروری نہیں"۔

ایک اور خط میں لکھتے ہیں:

بھئی میں میلے جمگھٹے کا آدمی نہیں ہوں۔ مزید بریں اس میں وقت بہت برباد ہوتا ہے۔ پچھلے ایک ڈیڑھ ماہ میں آدھا وقت لکھنؤ کے چکر لگانے میں کٹا۔ اپنا پڑھنا لکھنا سب چھوٹ گیا ہے۔ پہلے بھی صدر شعبہ بن کر پچھتا رہا تھا۔ یہ ایک اور ڈھول گلے میں پڑ گیا۔۔۔ اکاڈمی کا کام بہت بڑھ گیا ہے اور وہاں کوئی کام کرنا نہیں چاہتا۔ اردو کے نام پر کمانے کھانے والوں کی کوئی کمی نہیں ہے لیکن اردو کا کام خلوص سے کرنے والوں کی شدید کمی ہے۔۔۔ پیر و مرشد (گیان چند) کی خدمت میں آداب"۔

ایک خط میں ان کے خاندانی حالات پر بھی روشنی پڑتی ہے:

"۲۵ تا ۲۷ اکتوبر کو اردو اکاڈمی دلی کا امام الہند مولانا ابو الکلام آزاد سیمینار تھا۔ دو دن بعد وہاں سے قریب والد ماجد کی خدمت میں چلا گیا۔ چار سال قبل میری والدہ ماجدہ کا انتقال ہو گیا تھا تب سے والد صاحب قبلہ کچھ بجھ سے گئے ہیں۔ بات بات پر رونے لگتے

ہیں۔ اس لئے دلی جانے پر ان کے یہاں حاضر ہونا ضروری ہوتا ہے۔ پچھتر برس کی عمر ہے انہیں کئی بار کہا کہ میرے یہاں چلے آئیں، لیکن وہاں گھر پر میرے چھوٹے بھائیوں کے چھوٹے بچے ہیں کچھ پرانے احباب ہیں اس لئے نہیں آتے۔ ایک بیٹی رہتک میں بیاہی ہے۔ رہتک دلی سے صرف ۳۵ میل ہے۔ وہاں جانا بھی ضرور رہتا ہے، منجھلی بیٹی آگرہ میں بیاہی ہے اور میری اکلوتی بیوی کی اکلوتی والدہ ماجدہ بھی آگرہ میں ہیں۔ وہاں بھی ایک پھیرا لگانا ضروری ہوتا ہے، پرانی عادت ہے کسی زمانے میں اس گلی کے پھیرے دن میں تین تین چار چار لگاتے تھے۔ اب برسوں میں ایک پھیرا ہو جاتا ہے۔ لیکن یہ سعادت تو حاصل کرنا ہوتی ہے۔"

اہلیہ سے غیر معمولی وابستگی کا کئی خطوط میں اظہار کیا ہے۔ کچھ کے اقتباسات ملاحظہ ہوں۔ لکھتے ہیں :

"میرا بیٹا یہاں سے کام بند کر کے دہلی چلا گیا۔ اس کے ساتھ بیگم بھی چلی گئیں۔ آج کل میرا حال بھی وہی ہے جو آپ کا ہے۔ کچھ سمجھ میں نہیں آتا۔ دن کا کھانا کھاتا نہیں۔ رات کا کھانا قمر جہاں بنا کر بھیج دیتی ہیں۔ لیکن گھر جاتا ہوں تو "بن گھرنی" گھر بھوت کا ڈیرا لگتا ہے۔ سمجھ میں نہیں آتا کہ کیا ہو گیا ہے۔ بیوی کے بغیر ایک منٹ بھی جی نہیں لگتا۔"

ایک اور خط میں لکھتے ہیں :

"گھر میں دال بھی ہوتی ہے تو بیوی کے ہاتھوں سے مرغ کی کیفیت کی حامل ہوتی ہے۔۔۔"

ایک خط میں لکھتے ہیں :

"بھائی، یوں تو تینوں بیٹیاں ہی بیاہی گئیں۔ اب گھر سونا سونا ہو گیا ہے۔ بیوی ایک

آدھ بار ضرور رو دیتی ہے لڑکا ہے وہ اپنا اسکول جاتا ہے، کھیلتا کھاتا ہے۔ میں روز بستر در بغل اور پا در گاڑی رہتا ہوں۔ مخدومہ اکیلی ہو جاتی ہے تو بہت اداس ہوتی ہے۔ میں نے کہا ہے کہ لڑکے کی شادی کرا دیتا ہوں۔ لڑکا اور بہو دونوں پڑھیں گے اور تمہاری خدمت بھی کریں گے۔ کہتی ہیں ابھی لڑکا دسویں میں پڑھتا ہے ابھی سے اس کی شادی کیسے کر دیں۔ میں نے کہا کہ پھر تو صرف میں رہ جاتا ہوں۔ کہو تو ڈھونڈ ڈھانڈ کے میں ہی ایک شادی کر لوں۔ کہنے لگی کہ بوڑھے تمہیں ایسی باتیں کرتے ہوئے شرم نہیں آتی۔ دو نواسوں اور ایک نواسی کے نانا، تین دامادوں کے سسر، منہ میں دانت نہ پیٹ میں آنت۔ اب شادی کرنے چلیں گے۔ میں نے کہا میں تو مجبوری میں یہ شادی کروں گا ورنہ بھلی لوگ کوئی آدمی ایک بار شادی کرنے کے بعد کیا دوسری شادی کرنے کی ہمت یا حماقت کر سکتا ہے۔ میرا مقصد تو نیک ہو گا کہ تمہارا اکیلا پن دور ہو جائے۔! ابھی تک کچن سے تبرے وصول ہو رہے ہیں"۔

ایک اور خط میں لکھتے ہیں:

"مجھے بھاگ بھاگ کر دلی جانا پڑتا تھا۔۔۔ مہینوں کی تگ و دو کے بعد اب کہیں جا کر وہ رو بصحت ہوئی ہیں۔ ان کی جدائی میں میرا یہاں رہنا بہت ہی مشکل ہو گیا تھا۔ میں نے تو ساڑھے چار مہینے گھر کی کھڑکیاں ہی نہیں کھولیں۔ بن گھرنی گھر بھوت کا ڈیرا لگتا تھا۔۔۔
"

خطوط میں جگہ جگہ میرے حال پر جو شفقت تھی اس کا تذکرہ بھی ملتا ہے۔ وہ عمر میں مجھ سے تین چار سال بڑے رہے ہوں گے لیکن صحت بہت اچھی تھی، اس لئے اپنی عمر سے کم نظر آتے تھے۔ کم از کم دس برس پیچھے! لیکن میرا احترام کرتے تھے۔ جب میں نے سبب دریافت کیا کہنے لگے:

"آپ نمازی پرہیز گار آدمی ہیں۔ کبھی دخت رز کو ہاتھ نہ لگایا بلکہ کسی کی دخت کو ہاتھ نہ لگایا ہو گا۔ اپنی بیوی کو چھوڑ کر ایسے آدمی کا احترام نہ کروں؟ پھر آپ سید ہیں۔ علی والے"۔

بھائی عابد پیشاوری اور محترم ڈاکٹر عقیل صاحب کی طرح انہوں نے میری تسبیح خوانی کا کبھی مذاق نہیں اڑایا۔ یہ لوگ لبوں پر "بد بد" کہہ کر دوستانہ انداز میں ہی سہی، میری اس عادت پر احتجاج کرتے رہتے تھے۔ نیر صاحب تسبیح خوانی سے خوش ہوتے تھے، نماز کے وقت تو اکثر ایسا لگتا تھا کہ بس اب وضو کر کے اور اللہ اکبر کہہ کر یا علی کا نعرہ لگائیں گے اور نیت کر لیں گے۔

مگر یہ بھی حقیقت ہے کہ وہ مجھے مشورے بھی دیتے تھے کبھی کبھی بڑے خوبصورت انداز میں نصیحت بھی کرتے تھے۔ خطوط میں "مجی"۔ "عزیز مکرم" یا صرف "مجاور صاحب" لکھ کر مخاطب کیا ہے۔ ایک خط میں "سید صاحب" کہہ کر مخاطب کیا ہے۔ کچھ ذاتی باتیں اور ان کا خصوصی انداز نصیحت ملاحظہ ہو:

"بڑی مدتوں بعد خط ملا۔ میں نے دو خط بھیجے تھے، جواب سے محروم رہا تو سوچا کہ خط لکھنے میں آں حضرت یوں بھی سست تھے، اب صدر شعبہ بن گئے تو فرصت کہاں۔ پہلے بھی لوگ گھیرے رہتے تھے، اب تو حوالی موالی تعداد میں کئی گنا ہو گئے ہوں گے کیونکہ صدر گھر سے یا دفتر سے جہاں سے بھی نکلتا ہے صدر کی حیثیت سے نکلتا ہے۔ اس کے ساتھ مجمع ہونا چاہئے تاکہ بہ وقت ضرورت حسب ضرورت زندہ باد یا مردہ باد کے نعرے لگا سکیں۔ آپ کے خط سے لگتا ہے کہ آپ صدارت سے بیزار ہو رہے ہیں۔ اماں اس کے لئے تو لوگ سر گاڑی اور پاؤں پہیہ کئے رہتے ہیں اور آپ ہیں کہ اسے سے بیزار ہو گئے اور وہ بھی اتنی جلدی۔ ہمیں دیکھو۔ پیدا ہوئے تو ہیڈ تھے اور مریں گے تو ہیڈ ہی کی کرسی

پر۔ اسے چھوڑ کر زندہ کے دن رہیں گے؟ اس لئے ریٹائر ہونے سے پہلے کچھ کھا کر کرسی پر لیٹ جائیں گے۔ شہید اردو کہلائیں گے اور صدر ہی مر جائیں گے کیونکہ میرے یہاں کوئی اس کرسی کو قبول نہیں کرتا۔ نقوی مقرر ہوئے بھاگ گئے۔ وہ تو اس کرسی پر بیٹھے ہی نہیں۔ ڈاکٹر قمر جہاں بنیں تو دس پندرہ دنوں میں بھاگ گئیں، بیس دن کی چھٹی لے کر بیٹھ گئیں اور وہیں سے استعفے وی۔ سی کو دے آئیں۔ حالانکہ ہم چاہتے ہیں کہ لوگ تجربہ کریں، نزدیک سے بھی ڈھول کی کراہت انگیز آواز سنیں، صبح سے شام تک میٹنگیں کریں اور وہاں لوگوں کی بے سروپا باتیں سنیں، بہر حال مبارک باد۔۔۔"

ایک خط میں لکھتے ہیں:

"کافی وقت آپ کے پاس رہتا ہے۔ کوئی سلیقے کی ایک اور کتاب لکھ ڈالو"۔

ایک خط میں لکھا:

"مجھے دعاؤں میں یاد رکھا کیجئے۔ آپ اللہ والے آدمی ہیں۔ مولا سے ربط خاص رکھتے ہیں، اس لئے درخواست کر رہا ہوں۔"

ایک جگہ ۱۹۸۵ء میں لکھا:

"سرخے تو سب ہی لندن کی ہوا کھا رہے ہیں۔ آپ کیوں نہ گئے۔ اس وقت خوب ریوڑیاں بٹ رہی تھیں۔ نام لکھوا لیتے۔ نماز بھی پڑھتے رہتے اور سوڈا بھی پیتے رہتے۔"

۳۱ جنوری ۱۹۹۰ء کے خط میں لکھتے ہیں:

"آج یہاں آنے پر آپ کا خط ملا۔ آپ جذباتی آدمی ہیں۔ دنیا داری آپ کو چھو نہیں گئی۔ یہاں چاروں طرف منافقت اور منافقین کا دور دورہ اور راج ہے اس لئے دوست نہیں بنا سکتے دشمن تو نہ بنائیے۔ میں وہاں آ جاتا تو دیکھتا کہ کیسے لوگ دھاندلی کرتے ہیں۔ شیخ سعدی سے لوگوں نے پوچھا کہ ادب اور عقل کس سے سیکھیں؟ مرحوم

نے فرمایا کہ بے ادبوں اور کم عقلوں سے، مولا کے کرم سے۔ تم تواب عقل کے تھیلے بھر بھر کر رکھ رہے ہو گے۔

"مبارک ہو۔!"

ایک خط میں لکھتے ہیں:

"جہانِ افکار تو تقریباً پوری پڑھ ڈالی۔ "صدق عظیم" کے کچھ حصے بھی دیکھ ڈالے۔۔۔"

پھر توصیفی کلمات ہیں۔

ایک صاحب کا تذکرہ کرتے ہوئے لکھتے ہیں:

"ممکن ہے وہ اس وقت تیسرے نکاح کے لئے ہاتھ پیر مار رہا ہو۔۔۔ ایک حیدرآباد میں ہو جانا چاہئے۔ شیعہ بھائی ہے مدد کیجئے۔ لیکن آپ تو خود پھڈی رہے۔ اب تک بیرنگ ہیں۔ آپ کیا مدد کریں گے۔

آپ کو حیدرآباد میں ڈھیروں وقت ملا۔ آپ نے کوئی ڈھنگ کا کام نہ کیا۔ نمازیں کام آئیں گی عاقبت میں، دنیا میں ان کا صلہ کچھ نہیں ملتا۔!) آپ تو کسی نواب یا جاگیردار کی بیوہ سے بھی نکاح نہ کر سکے یوں ہی بدنامی مول لی۔" دنیا والے ہاں برداشت کر سکتے ہیں۔ کوئی کارنامہ انجام دیتے تو کام یادگار رہ جاتا"۔

وہ صبح اٹھتے تھے اور حفظان صحت کے اصولوں کا خیال رکھتے تھے۔ وہ اپنی مے پرستی کا چرچا ضرور کرتے تھے لیکن میرے سامنے اس شغل کا کبھی ایسا موقع نہیں آیا۔ حالانکہ اسی منحوس عادت نے ان کے جگر کے ٹکڑے کر دیئے۔

فروری ۱۹۹۱ء میں دو سطر کا ایک خط ملا۔ لکھتے ہیں:

"دو دن قبل ڈاکٹر محمود الحسن رضوی صدر شعبہ لکھنؤ سے معلوم ہوا کہ آپ

پروفیسر ہو گئے۔ مبارک ہو، بہت بہت۔ میں آج شام کو سبکدوش ہو رہا ہوں!"

آخری دنوں میں تقریباً خط و کتابت بند رہی۔ آخری خط ۱۲ اکتوبر ۱۹۹۱ء کا ہے۔ پورا خط نقل کیا جا رہا ہے۔ لکھتے ہیں:

محبی مجاور صاحب۔ سلام با کرام

عزیزہ سمن سعید اور عزیزم امجد حسین کے نکاح مسنونہ کا دعوت نامہ بنارس میں ملا تھا۔ جو عزیز دعوت نامہ لائے تھے، انہوں نے میری حالت زار بتائی ہو گی۔

فارسی میں کہاوت ہے "یک پیری و صد عیب" مجھے پہلے ۲۵، ۳۰ برس میں یاد نہیں آتا، کہ میں کبھی اتنا اور ایسا بیمار پڑا ہوں۔ جب کبھی کچھ ہوا تو ایک دن ہوا، دوسرے دن ٹھیک۔ لیکن اب کے تو بخار ہی نے میری کمر توڑ دی۔ ۸ اکتوبر کو الہ آباد میں تھا۔ رات کو بنارس پہنچا، ۹ اکتوبر کی شام کو بخار ہو گیا۔ ۱۴ کو ڈاکٹر نے ٹائیفائڈ بتایا۔ علاج شروع ہوا، روزانہ بخار کم ہونے لگا۔ یونیورسٹی بند تھی۔ ڈاکٹر قمر جہاں کو بھی گھر جانا تھا۔ اس لئے میں مولا کا نام لے کر ۱۱ اکتوبر کو گاڑی پر سوار ہوا۔ ۱۸ کی صبح آگرہ پہنچ گیا، ۲۰ اکتوبر کو بخار پھر ۱۰۲ ہو گیا۔ مقامی ڈاکٹر کو دکھایا اس نے مذبح میں بھیج دیا۔ کئی قصاب چھریاں لئے تیار کھڑے تھے۔ کسی نے خون نکالا، کسی نے پیشاب۔ بہر حال ٹھیک بھی ہو جاؤں تو ایک ماہ تک گھر سے باہر قدم نہ رکھوں گا۔ اس لئے میں اس تقریب مبارک میں شامل نہ ہو سکوں گا۔ یہی خط عزیزم امجد حسین کو بھی پڑھوا دیجئے گا۔ میری طرف سے دونوں خاندانوں کو اور نئے شادی شدہ جوڑے کو مبارک باد پیش کیجئے"۔

یہ آخری خط تھا۔ اور ان کے خطوط کے ذریعہ جو تصویر بنا رہا تھا وہ یہیں آ کر رک جاتی ہے۔ گیارہ برس میں ان کے جو خطوط مجھے ملے تھے ان میں بہت ساری باتیں ایسی ہیں جن کا بیان نہیں کیا گیا۔ بچوں کے بارے میں اظہار خیال، لوگوں کے بارے میں

اظہار خیال، بعض لوگوں کا تذکرہ بڑے سخت الفاظ میں کیا گیا ہے۔ میں نے ان سے کئی لوگوں کی سفارش کی تھی۔ میں نے جس کام کے لئے بھی کہا انہوں نے بہر حال میری خواہش پوری کی۔ تین کی پروفیسری میں ان کا نمایاں کردار تھا۔ ایک کے بارے میں تو وہ یہی کہتے رہے کہ آپ پچھتائیں گے۔ وہ بہت خفیف الحرکات آدمی ہے۔ کسی کو جھوٹا مکار وغیرہ کے خطابات سے یاد کیا ہے۔ ایک صاحب کے لئے لکھا ہے: "اس کو بقول شبیہ الحسن قرآن مجید کا ایک نسخہ بخط مصنف مل گیا ہے"۔ وغیرہ وغیرہ۔ بعض جگہ ایسے معرکہ کے فقرے ملتے ہیں کہ روح بالیدہ ہو جاتی ہے۔ لکھتے ہیں:

"جہالت کی پہلی نشانی اپنے علم کا غرور ہونا۔ غرور برا نہ لگے بشرطیکہ علم تو ہو، اس کا تو کہیں دور دور تک پتہ نہیں اور یونہی اکڑے چلے جاتے ہیں۔ انکسار اولیں شرط ہے عالم کے لئے۔"

(حضرت علیؑ نے یہی تعبیر فرمائی ہے۔ شاید نیر صاحب نے وہیں سے مستعار لیا ہے۔)

اکثر خطوط میں اعلیٰ درجے کے تدریسی مشورے دیئے ہیں۔ لکھتے ہیں:

"بھائی۔ دکنیات کی تعلیم شمالی ہند میں یکسر ختم ہوتی جارہی ہے۔ اب تو پڑھانے والا بھی کوئی نہیں رہا، ڈیڑھ دو صفحات کی نظم اور نثری اقتباسات پر مشتمل کوئی کتاب اچھی طرح سے مرتب ہو جائے تو کارآمد ہوگی، تنقید کی نام نہاد ترقی نے ہمیں اگر کچھ دیا ہے تو وہ یہ کہ ہماری تعلیم کو غارت کر دیا۔ کوئی شخص کہیں بھی متن نہیں پڑھاتا۔ موروثی نوٹس سے کام لیتا ہے۔ طالب علم بھی خوش ہو جاتا ہے کہ سستے چھوٹے، استاد کو بھی محنت نہیں کرنا پڑتی، درسی کتابیں نایاب تھیں، میں نے کوشش کر کے بی۔ اے کے لئے چار کتابیں تیار کرائیں اور ایم۔ اے، کے لئے انتخاب قصائد اور انتخاب مراثی چھپ چکے ہیں۔ آج

کل غزلیات اور منظومات کے انتخاب کی کتابت ہو رہی ہے۔ خطوط، خاکے، انشائیے کے انتخابات بھی تیار کروں گا، ایک ایڈیشن تیار ہو جائے تو اگلے ایڈیشن میں احباب کے مشوروں سے حذف و اضافے کا کام ہو گا، اس طرح کچھ اچھی اور سستی کتابیں طلباء کو مل جائیں گی۔ ڈاکٹر صاحب کے پاس تو پورا سیٹ ہے اسے دیکھئے اور مشورہ دیجئے۔ درسی کتابوں کا ایک سٹ میں بھی آپ کے پاس بھجوا دوں گا۔ دکنی ہند کی مثنویوں کا ایک انتخاب شائع کیا جاسکتا ہے۔ پوری پوری مثنویاں طویل ہوں گی، کوئی نہ پڑھائے گا۔ پھول بن اور وجہی کی مثنویوں کی تلخیص شروع میں کارآمد ہو گی۔ اعراب کا تعین کیا جائے اور سختی سے عمل درآمد ہو تاکہ صحیح تلفظ کے ساتھ پڑھائی جا سکے لیکن صحیح متن میری دسترس سے باہر ہے۔

"تلفظ کے معاملے میں ٹھوکریں کھاجاؤں گا"۔

ایک اور خط ملاخطہ ہو:

"میں نے ڈاکٹر صاحب قبلہ کو پچھلے خطوط میں لکھا تھا کہ آل انڈیا یونیورسٹی ٹیچرس اسوسی ایشن کا نام "اردو کانگریس" بروزن "سائنس کانگریس" کر دیا جائے تو بہتر ہو گا۔۔ اس میں سبھی محبان اردو شرکت کر سکیں گے۔ لیکن انہوں نے اس سے اتفاق نہیں کیا۔ بہر حال یہ باتیں تو اجلاس کے وقت سوچی جاسکتی ہیں۔ پہلی ضرورت اس کا کہیں نہ کہیں اجلاس بلانے کی اور اس کے آئین میں کچھ بے حد ضروری ترمیمات کرنے کی ہے۔ کسی منصب دار کو دوسرے سشن میں عہدے پر نہ رہنے دیا جائے۔ کوشش یہ کی جائے کہ Seniority سے صدر پروفیسروں میں سے اور دو تین نائب صدر ریڈرس میں سے اور دو تین سکریٹری لکچررس میں سے لے لئے جایا کریں۔"

ان خطوط میں بہت ساری شخصیات کا تذکرہ ہے اور بہت ساری اہم اطلاعیں جنہیں

عام طور سے صیغہ راز سے تعبیر کیا جاتا ہے ان میں سے کچھ درج کی جاتی ہیں:

"میں نے آپ کی اور ثمینہ کی رپورٹ بھیج دی ہے"۔

ایک جگہ لکھتے ہیں:

"کل الہ آباد میں پروفیسر کا سلکشن تھا۔ جعفر رضا ہو گئے۔ مبارک ہو۔ میں، خواجہ احمد فاروقی اور ثریا حسین باہر سے گئے تھے"۔

شخصیات میں وہ پروفیسر گیان چند سے بے حد متاثر تھے۔ آخری خط تک وہ جین صاحب کا تذکرہ کرتے رہے، کبھی استاذی لکھ کر، کبھی استاد لکھ کر، کبھی پیر مغاں، کبھی پیر و مرشد، بہت کم لوگ احترام کی اس وضعداری کو نبھا پاتے ہیں۔

جین صاحب جب امریکہ سے واپس آئے تو مجھے نیر صاحب نے لکھا:

"پیر مغاں کا کوئی خط نہیں ملا۔ وہ تو مکہ گئے، مدینہ گئے، کربلا گئے، خدا جانے کہاں کہاں ہو آئے آج کل روز کوئی نہ کوئی داستان سناتے ہوں گے۔ جنت ارضی سے ہو کر آئے ہیں جہاں حور طہور مقامی اور کھجور امپورٹیڈ سب کچھ افراط سے مل جاتا ہے، میں جب نابالغ تھا اس وقت امریکہ گیا تھا۔ آج بھی اس کے ذکر سے دل پر چھری سی چل جاتی ہے۔ غالب تو کلکتہ ہی دیکھ کر بیخود ہو گئے تھے میں نے استاد کو لکھا ہے کہ روداد سفر ہماری زبان میں شائع کر دیں تو لوگ استفادہ کر سکیں۔ کتابچہ لکھ دیں تو بات ہی اور ہو گی۔ وہ صاف گو آدمی یہیں سب کچھ کھول کر دکھا دیں گے۔ ڈھکی چھپی کے قائل نہیں۔"

گیان چند کے علاوہ پروفیسر شبیہ الحسن نونہردی، پروفیسر محمود الٰہی، پروفیسر نارنگ کے معرف و مداح تھے۔ محمود الٰہی صاحب سے برادرانہ خلوص تھا۔ پروفیسر محمود الحسن سابق رفیق کار تھے، ان سے شفقت آمیز محبت کرتے تھے۔

اپنے رفقاء کار میں حنیف نقوی کے بارے میں یہ خیال تھا کہ "ٹناٹن" پڑھاتا ہے۔

ان کی وسعتِ مطالعہ کے بے حد مداح تھے۔ ظفر احمد صدیقی کی ذہانت اور دوسری زبانوں میں ادبیات پر ان کی گرفت کی توصیف کیا کرتے تھے۔ ڈاکٹر قمر جہاں کا جہاں بھی ذکر کیا ہے شفقت و محبت کے قلم سے لکھا ہے۔ "بیٹا قمر جہاں نے یوں خدمت کی، یہ کیا وغیرہ"۔ ایک بار میں نے عرض کیا کہ صرف خدمت ہی کرتی ہیں اور بیٹا ہیں یا کچھ پڑھنے پڑھانے سے بھی دلچسپی ہے؟ کہنے لگے "تمام جامعات میں اردو کی تدریس میں کوئی خاتون اس کا مقابلہ نہیں کر سکتی مجاور صاحب! وہ بہت پڑھی لکھی ہے"۔ آخری جملہ ادا کرتے وقت ان کے چہرے پر وہ شفقی سرخی آ جاتی تھی جو کسی باپ کے چہرے پر سگھڑ، سلیقہ مند اور باعظمت بیٹی کے تذکرے سے آ جاتی ہے۔

میرے تمام شاگردوں سے وہ بہت مانوس تھے۔ ہر خط میں نام بنام دعائیں لکھتے تھے۔ عموماً لڑکیوں کو بیٹا کہہ کر مخاطب کرتے تھے۔ خصوصاً واجدہ فرزانہ ان کی بہت عزیز بیٹا تھیں۔ ڈاکٹر رحمت علی خاں ریڈر حیدرآباد یونیورسٹی کے علمی شغف، ڈاکٹر بیگ احساس ریڈر عثمانیہ یونیورسٹی کی ذہانت اور خوش مزاجی اور ڈاکٹر انوار الدین ریڈر حیدرآباد یونیورسٹی کے تدبر و فراست کے بہت مداح تھے۔

اب آخری بات ان کے عقائد کے سلسلے میں رہ جاتی ہے وہ روہتک کے رہنے والے تھے۔ ہندو خاندان میں پیدا ہوئے سچی ہندوستانی تہذیب کے پروردہ بھی تھے اور نمائندہ بھی۔ عقائد کی بات صرف اس لئے کی جا رہی ہے کہ آگے چل کر انہیں بھی کوئی چھنولال دلگیر کی طرح مسلمان نہ ثابت کرنے لگے۔

ایک جگہ لکھتے ہیں:

"سلیکشن کمیٹی میں جعفر رضا، منظر عباس نقوی اور میں یعنی ڈھائی شیعہ"۔

ایک خط میں لکھتے ہیں:

"سورج سوا نیزے پر اکر رکا ہوا ہے، ذرا سا اور سر کے توانااللہ وانا الیہ راجعون کا نعرہ بلند ہو۔ یا علی، یا علی، یا علی کہہ کر چلا جائے وہ"۔

اسی طرح اکثر خطوط میں مجھ سے خواہش کی ہے کہ میں مولا کے واسطے سے ان کے لئے دعا کروں۔ اپنے لئے لکھا ہے کہ مولا کا نام لے کر یہ کام شروع کر دیا۔ لیکن اب دوسرا رخ ملاحظہ ہو۔ لکھتے ہیں:

"مرنا گھر ہی پر چاہتا ہوں ورنہ ساتھ کے کاغذات اور سازوسامان سے لوگ سمجھیں گے کہ مسلمان ہیں اور دفنا دیں گے، پھر قیامت کا انتظار رہے گا۔ خدا جانے قیامت کب آئے۔ میرے عقیدے کے مطابق تو اسی پل لوٹ آنا ہے، اس قسم کے اعمال کے پیش نظر سزا نہ ملے گی جزاء ملے گی۔ میں نے ہر طرح سے خدمت کی ہے۔ کسی کو مجھ سے گزند نہ پہونچی ہو گی۔"

اس خط پر ۱۰ اکتوبر ۱۹۸۶ء کی تاریخ درج ہے۔ اب ۳۱ جنوری ۱۹۹۰ء کے خط سے ایک اقتباس ملاحظہ ہو:

"موت سے نہیں ڈرتا۔ سفر میں اس سے ڈرتا ہوں کہ میرے اس تمام لوازمات ایسے ہوتے ہیں جو یہ ثابت کرتے ہیں کہ مومن ہوں۔ پاکستان بنا تھا تو اس وقت مارے ڈر کے مسلمانی بھی کرا لی تھی۔ مردے کو دیکھیں گے تو بلا چوں وچرا دفنا دیں گے۔ میاں کب قیامت آئے گی اور کب جہنم میں ہی سہی بھیجیں گے، اپنے عقیدے کے مطابق تو اسی دن دندناتے واپس اسی جنت میں آجائیں گے۔ اب کے تو ہندو یونیورسٹی میں نہ جاؤں گا الہ آباد جاؤں گا۔ علی گڑھ جاؤں گا لیکن ہندوؤں کی یونیورسٹی میں نہ جاؤنگا، عثمانیہ میں یا حیدرآباد میں بھیج دیں تو کیا کہنے۔"

یہ ہیں اس شخصیت کے کچھ نقوش جو بہر حال اپنے عقیدے کے مطابق تدریس کے

خدمات انجام دینا چاہتا تھا۔ دوسرے جنم میں بھی۔

ان کی تصانیف میں دو کتابیں بہت اہم ہیں۔ ایک ان کا پی ایچ ڈی کا مقالہ جو درگا سہائے سرور جہان آبادی پر ہے اور دوسری کتاب "اردو کے ادبی مسائل" ان میں پہلی کتاب سے بہت سارے التباسات دور ہوتے ہیں۔ بالخصوص پیارے لال شاکر میرٹھی کا بت ٹوٹتا ہے اور ان کی ادبی فریب کاریوں کے بارے میں اہم معلومات فراہم ہوتی ہیں۔ خود سرور کے بارے میں بے حد اہم معلومات اکٹھا کی گئی ہیں۔ یہ وہی شاعر ہے جس نے محسن الملک کی رحلت پر نظم لکھی۔ اقبال کو بلبل پنجاب کہا اور وطن کو مخاطب کر کے یہ شعر لکھا

گنگا نہائے شیخ اگر تیرا اذن ہو
گر تیرا حکم ہو تو برہمن کرے وضو

"اردو کے ادبی مسائل" میں انہوں نے پرانے ریکارڈ سے یہ ثابت کیا کہ اپریل ۱۹۰۰ء میں اردو کے ساتھ زیادتی کی پہلی اینٹ رکھی گئی۔ اس میں ان کا دو معرکۃ الآراء مضمون بھی ہے جو تقریباً اردو کے ہر خدمت گار کو یاد ہے۔ الہ آباد کے اخبار "لیڈر" میں ان کا ایک جواب شائع ہوا تھا، اردو پر دو اعتراض کئے جاتے تھے: (۱) یہ بدیسی زبان ہے (۲) یہ ہندی کی ایک شیلی یا اسٹائل ہے۔ انہوں نے کہا تھا کہ دونوں باتیں بیک وقت درست نہیں ہو سکتیں۔ اگر اردو بدیسی زبان ہے تو ہندی کی شیلی کیسے ہو سکتی ہے۔ کیا ہندی بھی بدیسی زبان ہے۔ اگر وہ ہندی کی شیلی ہے تو پھر وہ بدیسی زبان نہیں ہو سکتی۔ پہلے اعتراض کرنے والے اپنا دائرہ فکر متعین کر لیں، پھر ہم سے جواب سنیں۔

اکثر جلسوں میں انہوں نے یہی تقریر کی جو ان کے اسی مضمون سے ماخوذ ہے۔ وہ کہا کرتے تھے کہ "سیاست دانوں پر بھروسہ کرنا نادانی ہے۔ اردو کا مسئلہ خود اردو والوں کو

طے کرنا ہے لسانی جارحیت کہیں نہیں پنپ سکتی۔ میں جب بنگلہ دیش کا ذکر کرتا ہوں تو لوگ بغلیں بجاتے ہیں لیکن یہ بھول جاتے ہیں کہ لسانی جارحیت کہیں بھی ہو، انجام وہی ہو گا۔"

وہ کہا کرتے تھے کہ "ہم اپنا گھر درست کریں۔ اردو کی تعلیم پر توجہ دیں"۔ ان کا خیال تھا کہ "اردو کو انگریزی ہندی یا فارسی عربی کی بیساکھی کی ضرورت نہیں ہے۔ یہ خود آزاد اور زندہ زبان ہے کوئی ضروری نہیں کہ ہر "خر" پر اردو کی کتاب لاد دی جائے"۔
انہوں نے بہت سارے متون مرتب کئے۔ بعض میں بہت سی غلطیاں رہ گئیں۔ وہ شروع سے مرتب متن کی دشواریوں سے باخبر تھے۔ چاہتے تھے کہ لوگ ہاتھ بٹائیں۔ مگر بہت کم لوگوں نے ساتھ دیا۔ انجام کاری ساری غلطیاں رہ گئیں اور لوگ بھی اس وقت اعتراض کرنے اٹھے جب وہ آگرہ میں موت و حیات کی کشمکش میں مبتلا تھے۔
انہیں شعر کا مطلب پوچھا بہت اچھا لگتا تھا، انہیں لسانیات سے خاص شغف تھا۔ فارسی ادبیات کے معلم بھی رہے اور شعبہ فارسی سے منسلک بھی رہے۔ بوقت ضرورت کسی اہل زبان کی طرح فارسی میں گفتگو بھی کر لیتے تھے۔ تحقیق و تنقید ان کا میدان نہ تھا۔ وہ صرف تدریس کے آدمی تھے۔

"صحیح متن کی بازیافت"۔ "قرأت و تدریس" پہلے یہ ہو جائے تب جارج کی اروی چھیلے اور ایلیٹ صاحب کا آملیٹ بنایئے۔ ارے یہاں پہلے غالب کا شعر صحیح پڑھنا تو سیکھ لو، اس کا مطلب تو معلوم کر لو۔ پھر روس سے امریکہ تک کا سفر کرنا۔
ادب میں "تحریکات" سے بیزار تھے۔ ان کے خیال میں اس سے ادب کو نقصان پہونچتا تھا۔

زبان میں شین قاف کی درستی کے لئے اردو کے ہر طالب علم کو تھوڑی سی سہی مگر

فارسی ضرور سیکھنی چاہئے۔ اس کے ساتھ اتنی قواعد ضرور آئے کہ مبتدا اور خبر سے تو واقف ہو۔

ڈاکٹر نہال احمد صدیقی نے بتایا کہ یو، پی بورڈ کی میٹنگوں میں وہ نصاب کی درستگی اور معقولیت کے لئے سرگرم رہے۔

ان کا خیال تھا کہ سیاسی طور پر نعرہ بازی کے بجائے عوامی سطح پر اردو کی ابتدائی تعلیم کی طرف ہر اردو والے کو رضاکارانہ طور پر توجہ دینا چاہئے۔

یہ اس شخص کے تصورات و خیالات تھے جو صرف اور صرف اردو کا آدمی ہو کر جیا اور جو چاہتا تھا کہ وہ لوگ جو نقاد اکبر اور محقق اعظم بننا چاہتے ہیں وہ پہلے مدرس بنیں۔ انہوں نے ایک ایسے محرک کا کام کیا جس سے بہت سارے لوگوں کو پڑھنے پڑھانے کا حوصلہ ملا۔ ادبی فضا کی تخلیق میں سرگرم حصہ لینے والوں میں وہ سے ایک تھے۔ بنارس یونیورسٹی میں مولوی مہیش پرشاد کی روایات کو آگے بڑھا کر انہوں نے شعبہ اردو میں جو روایت سازی کی اسے ایک وقار عطا کیا۔

کبھی کبھی یہ خیال آتا ہے کہ علم شاید مقصود بالذات نہیں ہے بلکہ ذریعہ ہے انسانی شخصیت کو نکھارنے اور سنوارنے کا۔ علم تھوڑا ہو لیکن شخصیت کا جزو ہو۔ نیر صاحب کو دیکھ کر اس خیال کو تقویت ملتی تھی۔ انہوں نے دستار علم کی نمائش نہیں کی بلکہ قبائے اخلاق کو پہن کر یہ سمجھایا کہ وہ علم جو انسانوں میں فساد پیدا کرائے، جہل سے بدتر ہے۔ انسانیت سب سے بڑا علم ہے۔ اپنے اپنے عقیدے پر قائم رہ کر ایک دوسرے کا احترام کرنا ہندستانیت ہے۔

مجھے ان کی موت کی اطلاع محترم پروفیسر اشرف رفیع (جن کی وہ بہت قدر کرتے تھے) کے ذریعہ ملی۔ میں اس وقت حیدرآباد میں تھا بہت دنوں تک سکتہ سا طاری رہا۔

سمجھ میں نہیں آتا تھا کہ کیسے لکھوں اور کیا لکھوں۔ میں تو یہ سوچ رہا تھا کہ لوگ مجھے ماتم پرسی کا خط لکھیں گے۔! لیکن سناٹا رہا۔ گذشتہ سال ستمبر میں ان کا انتقال ہوا۔ اکتوبر نومبر ذاتی الجھنوں میں گزرے اور دسمبر سے ان کی موت کے بعد سے ایسے حالات ہوئے کہ زندگی کا اندھیرا بہت بڑھ گیا۔ ایک نیر کی ضرورت آج پھر ہے۔ شاید وہ اپنے عقیدے کے مطابق اندھیروں سے لڑنے کے لئے اپنی کرنوں کو سمیٹ رہے ہوں گے وہ ایک بار پھر طلوع ہوں گے۔ یقیناً وہ مرے نہیں ہیں، بس او جھل ہوگئے ہیں۔ شاید انہیں کے لئے یہ کہا گیا ہے۔

ہرگز نیرو آں کہ شود زندہ شد زعشق
ثبت است بر جریدہ عالم دوام کا

(۸) فراق کا وصال
فراق کو حیدرآباد کا خراج

دوسری جنگ عظیم ختم ہو چکی تھی لیکن فضاء میں بم کے دھماکوں کی گونج باقی تھی۔ برطانوی سامراج کا دم اکھڑ تو رہا تھا لیکن جس طرح بجھتے ہوئے چراغ کو لو بھڑک اٹھتی ہے اسی طرح برطانوی استبداد کا جبر بھی کچھ بڑھ گیا تھا۔ ۱۹۴۵ء کے اداخیر کا یہ زمانہ ایسا تھا جب ایک طرف گورکھپور ہڑتالوں ، فائرنگ ، آزاد ہند فوج ، جواہر لال نہرو کی تقاریر ، ظہیر لاری ، مولوی مردود احمد ، رضوان احمد۔ کی لیگی سیاست کے چرچے تھے تو دوسری طرف ملک میں فرقہ وارانہ رنگ بھی ابھر رہا تھا اور ہر دو کے سلسلہ میں بھی اختلافی باتیں شروع ہو چکی تھیں ایسے زمانہ میں سینٹ اینڈریوز کالج گورکھپور کے وسیع کمپاونڈ میں ایک مشاعرہ ہوا جس میں شمسی میاں صاحب نے نظم "سمندر" کے عنوان سے پڑھنی چاہی تھی مگر کچھ ہی شعر پڑھ پائے تھے کہ ڈسٹرکٹ مجسٹریٹ نے انھیں روک دیا۔ بس پھر کیا تھا ہنگامہ ہو گیا۔ مشاعرہ درہم برہم ہونے لگا۔

سجاد ظہیر اور جگر مرادآبادی نے ڈسٹرکٹ مجسٹریٹ کے اس رویہ پر احتجاج کیا ایک صاحب تقریر کرنے کھڑے ہوئے لیکن تقریر سننے سے پہلے ہی لوگوں نے انھیں لوٹ کر نا شروع کر دیا مگر جی دار مقرر تھا۔ چند لمحے تک اس کے اور سامعین کے درمیان ہوٹنگ کی بیت بازی ہوتی رہی لیکن دھیرے دھیرے مقرر کی پاٹ دار آواز کی خصوصی سحر کارانہ کیفیت مجمع کی ملی جلی آوازوں پر چھاتی چلی گئی۔ دریافت کرنے پر معلوم ہوا کہ

مقرر فراق گورکھپوری ہیں۔ جو ہیں گورکھپور کے ہی لیکن رہتے الہ آباد میں ہیں۔ انگریز پڑھاتے ہیں اور اردو کے شاعر ہیں۔

فراق صاحب ہندی کے خلاف برٹش گورنمنٹ کے خلاف اور پبلک کے خلاف تقریر کرتے رہے بیچ میں اپنے شعر بھی سناتے رہ گئے اور لفظیت کے لسانی پہلو پر بھی روشنی ڈالتے گئے ایک فقرہ ابھی تک یاد ہے۔

'بخار میں بیت ہے" ان کی اس تقریر کے دوران قہقہے بھی ابھرتے تالیاں بھی بجیں ونس مور بھی ہوا۔ بس ایسا معلوم ہوتا تھا کہ ایک جادوگر ہے جس نے مسحور کر رکھا ہے حالانکہ اس سے پہلے کئی مترنم غزلیں گونج چکی تھیں اور فراق صاحب کی تقریر کے بعد نوجوان شمسی مینائی نے اپنی نظم سمندر بھی پڑھی اور جگر صاحب جنہوں نے کچھ ہی دن پہلے توبہ کی تھی۔ اپنی وہ غزل بھی پڑھی جس کے چند شعر یاد آگئے۔

وہ تاب ہستی نہ ہوش مستی کہ شکر نعمت ادا کریں گے
خزاں میں جب ہے یہ اپنا عالم بہار آئی تو کیا کریں گے
جدھر سے گزریں گے سر فردشانہ کارنامے سنائیں گے ہم
وہ اپنے دل کو ہزار روکیں میری محبت کو کیا کریں گے
خود اپنے ہی سوز باطنی سے نکال ایک شمع غیر قانی
چراغ دیر و حرم تو اے دل جلا کئے ہیں بجھا کریں گے

لیکن یہ ہوا کہ مشاعرہ ختم ہونے کے بعد جب سب لوگ اپنے گھروں کو لوٹ رہے تھے تو راستے میں نہ جگر صاحب کا ذکر تھا نہ سجاد ظہیر اور شمسی مینائی کا بلکہ موضوع گفتگو فراق صاحب تھے ان کی تقریر میں ہندی کے بارے میں تحقیر آمیز رویہ ان کے گرما گرم فقرے اور پھر ان کے کردار کی مستانہ تفرقوں پر بے محابہ تبصرہ ہو رہا تھا اور آج ۳۷

برس بعد خیال آتا ہے تو یہ احساس ہوتا ہے کہ انفرادیت بھیڑ چال والی نفسیات کا رخ موڑ سکتی ہے۔ فراق صاحب اس دور میں غزل گو کی حیثیت سے بہت مقبول نہ تھے۔ حسرت زندہ تھے فانی کی غزلیں لاثانی پن چکی تھیں اور پھر جگر صاحب کی قد آور شخصیت تھی جن کے ساتھ غزل گو شاعر کا ابھرتا تقریباً ناممکن تھا اور پھر یوں بھی وہ دور غزل کا نہیں نظم کا تھا۔

الہ آباد یونیورسٹی میں داخلہ لینے کے بعد جن احباب سے قربت رہی ان میں مصطفیٰ حسینی زیدی (تیغ الہ آبادی) فراق صاحب کی شاعری سے بہت متاثر تھے اور فراق صاحب نے مصطفیٰ زیدی کے قطعات کے پہلے مجموعہ زنجیریں پر تعارفی مقدمہ بھی لکھا تھا اور یہ اس وقت کی بات ہے جب تیغ صاحب انٹرمیڈیٹ کے پہلے سال کے طالب علم تھے اور جب میں بی اے میں آیا تو وہ انٹر کے آخری سال میں تھے۔

میں فراق صاحب کا طالب علم نہیں تھا۔ الہ آباد یونیورسٹی شعبہ انگریزی میں ایس سی، ویپ ایور ڈاکٹر دستور ایسے دیو قامت پروفیسر موجود تھے۔ طالب علم شہر کے دانشور انگریزی کے استاد کی حیثیت سے فراق صاحب کی اہمیت نہیں تھی لیکن اس کے باوجود شعبہ انگریزی سی سب سے مشہور شخصیت فراق صاحب ہی تھے انگریزی کلاس میں وہ اردو کے شعر سنایا کرتے تھے ہر دی دنش رائے بچن کی مدھوشالہ اور سمترا نندن پنت کی شخصیت اور شاعری کا مذاق اڑایا کرتے تھے اور یہ زمانہ ۱۹۴۸ء کا تھا میں صرف دو بار میں ان کے کلاس میں جا کر بیٹھا کچھ احباب کے ساتھ اس زمانہ میں دو تین بار فراق صاحب کے گھر بھی گیا تھا۔ فراق صاحب عالم خوشی میں پہلے تو ادب کا عمومی جائزہ لیتے پھر شخصیات زیر بحث آجاتیں۔ میں اس زمانہ میں بھی انتہا پسند اقبالیہ تھا۔ فراق صاحب اقبال پر اعتراضات کرتے تھے اور طالب علمانہ حدود کے اندر میں پوری شدت سے ان کا جواب

دینے کی کوشش بھی کرتا تھا میرے احباب اقبال سے متاثر نہ تھے ان کا سکوت مجھے کمزور کرتا تھا لیکن اس کے باوجود ادبی بحث میں پیچھے ہٹنا ممکن نہ تھا۔ فراق صاحب بعض بہت بڑے بڑے نام لیتے تھے جن سے اس وقت تک کان بھی آشنا نہ تھے اور عام حالات میں ان ناموں میں مرغوب اور خائف ہوتا پڑتا مثلاً ایڈورز کارپنٹر وال پنٹر، سومن برن وغیرہ۔

وقت گزرتا رہا وہ میرے خسر کے دوست تھے اور محترم استاد اعجاز صاحب کے دوست اور رفیق بھی۔ کبھی کبھی شعبہ اردو میں چلے آتے اور دلچسپ بات یہ تھی کہ وہ جہاں انگریزی کلاسس میں اردو کا تذکرہ کرتے تھے اور ھندی کا مذاق اڑاتے تھے تو دوسری طرف اردو شعر و ادب پر گفتگو کا سلسلہ شروع ہوتا تھا تو وہ ایک ہی سانس میں انگریزی شعرا اور ادیبوں اور سنسکرت اور ھندی کے شعراء مثلاً تلسی داس، کالی داس، میرابائی وغیرہ کے نام کہا کرتے تھے رچے ہوئے انداز کے مالک سردار جعفری مخدوم، کیفی بعد میں فیض جیسے شاعر تھے لیکن یہ حقیقت ہے کہ ستارے کے اس جھرمٹ میں چاہے نامساعد حالات یا زمانہ کے اتفاقات کو دخل رہا ہو یا فراق صاحب کی انفرادیت رہی ہے وہ ماہتاب بن کر پھیلے اور انھیں منفرد حیثیت حاصل رہی وہ خود اپنی ذات سے ایک ادارہ سمجھے گئے۔

گروپ کی رباعیاں اندازے اور اردو کی عشقیہ شاعری کی تنقیدیں پندولہ اور جگنو جیسی نظمیں شاید تاریخ کے حافظہ میں محفوظ نہ رہ پائیں لیکن کافر جلال مسلم جمال صنف غزل کی شاعری فراق کو اس ساحری کو کیسے بھلا سکتی ہے۔

غرض کہ کاٹ دئے زندگی کے دن اے دوست
وہ تیری یاد میں ہوں یا تجھے بھلانے میں

ہم سے کیا ہو سکا محبت میں
خیر تم نے بے وفائی کی

تم مخاطب ہو قریب بھی ہو
تم کو دیکھیں کہ تم سے بات کریں

منزلیں گرد کے مانند اڑی جاتی ہیں
وہی انداز جہاں گزراں ہے کہ چوتھا

دیکھو رفتار انقلاب فراق
کتنی آہستہ اور کتنی تیز

اس دور میں زندگی بشر کی
بیمار کی رات ہو گئی ہے

کچھ قفس کی تیلوں سے چھن رہا ہے نور سا
کچھ فضاء کچھ حسرت پرواز کی باتیں کرو

جو اشعار یاد آتے جارہے ہیں لکھے جارہا ہوں مگر سچ یہ ہے کہ ایک کاروان شعر ہے جو خیال کے ریشمی محلوں کے پردے اٹھائے ذہن کی شاہراہ سے گزر رہا ہے میری طرح اور بہت سارے لوگوں نے اس طرح کے بہت سارے شعر گنگنائے ہونگے لیکن فراق صاحب کی عظمت صرف ان اشعار کی وجہ سے نہیں ہے بلکہ حقیقت تو یہ ہے کہ اردو میں وہ واحد قد آور شخصیت تھے جن کے پاس کوئی ایک صفت بھرپور طور پر انہیں تھی نہ وہ میر غالب کی طرح سر دار غزل گویاں تھے۔ وہ اقبال اور جوش کی طرح برائے نظم گو بھی

نہ تھے۔ وہ انیس اور جوش کی طرح عظیم رباعی لکھنے والے بھی نہ تھے۔ کلیم الدین احمد اور احتشام حسین کے پائے کے نقاد بھی نہ تھے وہ اقبال اور غالب کے پائے کا مفکرانہ انداز بھی نہ رکھتے تھے۔

ہندی و سنسکرت کے الفاظ اور اساطیر کا اور اردو میں مقامی روایات اور ہندو اساطیر کو جذب کرنے پر زور دیتے ان کا یہ کردار آخری حد تک برقرار رہا۔ انہوں نے اس کی انتھک کوشش کی کہ اردو کو ہندوستان کی لنگوا فرا ینکا کا درجہ حاصل ہو سکے اسی کے ساتھ ان کی خواہش تھی کہ اردو اس وسیع ترافق کو اپنائے جس میں آفاقی کلچر کی ابدیت بھی ہو اور وطنیت کا رنگ وروپ بھی۔

ان سے بارہا ملا، مشاعروں میں ادبی محفلوں میں دو مشاعروں میں اپنے ساتھ بھی لے گیا لیکن مجھے زیادہ تقرب کبھی حاصل نہ ہو سکا۔

تحسین نا شناس انھیں میر و غالب انیس و اقبال پر ترجیح دیتے لیکن مجھے ان کی شاعرانہ شخصیت مصحفی کی یاد دلاتی تھی اس فرق کے ساتھ مصحفی مقرر نہیں تھے۔ ورنہ مصحفی کے تذکرے فراق صاحب کی تنقیدیں مصحفی کا غزل کا تقلیدی انداز، فراق صاحب کا غزل میں میر فانی، آرزو، ریاض خیر آبادی کے اثرات قبول کرنا مصحفی کی مثنویوں پر میر کا اثر، فراق کی نظموں اور رباعیات پر جوش کا اثر، مصحفی کی جنس زدگی اور فراق کی جنسی کجر دی، مصحفی کے اپنے کم عصروں سے مصر کے اور فراق صاحب کے اثر لکھنوی اور علی سردار جعفری سے ادبی مباحث یہ وہ مماثلتیں تھیں جو فراق صاحب کی ادبی شخصیت ادبی قدر و قیمت کے تفسین ہیں انھیں بقائے دوام کے دربار میں مصحفی کی کرسی کے برابر بٹھانے پر آمادہ کرتی تھیں لیکن کبھی کبھی کچھ ایسا محسوس ہوتا تھا کہ جیسے یہ فیصلہ فراق صاحب کی شخصیت کے پس منظر میں ہے اور بہت زیادہ درست نہیں ہے۔

۱۹۶۰ء تک فراق صاحب کی شاعرانہ شخصیت جگہ اور جوش کے سامنے دبی رہی یوں بھی جو دور انھیں ملا تھا اس دور میں ایک طرف یگانہ، فانی، صفی، ثاقب، عزیز، ریاض ، آرزو، اصغر، جگر، شاد، وحشت اور امام المتغزلین حسرت موہانی جیسے قد آور اور بزرگ شعراء بھی تھے اور مجروح ناصر کاظمی جیسے نوجوان بھی، دوسری طرف نظم کے میدان میں اقبال تو چھائے ہوئے تھے ہی جوش و فراق سے عمر سے بہت کم لیکن نظم و رنگ و آہنگ کے شاہراہ سے گزر رہا ہے میری طرح اور بہت سارے لوگوں نے اس طرح کے بہت سارے شعر گنگنائے ہونگے لیکن فراق صاحب کی عظمت صرف ان اشعار کی وجہ سے نہیں ہے بلکہ حقیقت قدیر ہے کہ اردو میں وہ واحد قد آور شخصیت تھے جن کے پاس کوئی ایک صفت بھرپور طور پر نہیں تھی نہ وہ میر د غالب کی طرح سراسر غزل گو تھے وہ اقبال اور جوش کی طرح برائے نظم گو بھی نہ تھے۔ وہ انیس اور جوش کی طرح عظیم رباعی لکھنے والے بھی نہ تھے کلیم الدین احمد اور احتشام حسین کے رتبے کے نقاد بھی نہ تھے۔ وہ اقبال اور غالب کے پائے کا مفکرانہ انداز بھی نہ رکھتے تھے۔

ہندی و سنسکرت کے الفاظ اور اساطیر کا استعمال بھی آبرو، ناجی، میر، سودا، نظیر بلکہ انیس کے یہاں بھی ملتا ہے۔ بیسویں صدی میں آرزو لکھنوی کی خالص اردو میں یہی رجحان اور تحریک کی شکل بنکر ابھرا اپنا پارہ لیکن تنہا ان کی ذات میں میر سے لیکر فانی تک درگا سہائے سرور، چکبست، اقبال اور جوش سے لیکر فیض تک انیس سے لے کر امجد حید آبادی تک اور محمد حسین آزاد سے لیکر نیاز فتح پوری تک اور عبدالرحمن بجنوری سے لیکر الرحمن فاروقی تک غزل نظم، رباعی، تفکر تاثراتی تنقید اور مغربی ادب سے آگہی کے عکس و آئینے دیکھے جاسکتے ہیں اور پھر ماضی کے ان بزرگوں میں کوئی بھی مایہ ناز مقرر نہیں تھا کسی کے پاس بھی زوں کیلئے وہ مجاہدانہ اسپرٹ نہیں تھی جو فراق صاحب کے لفظوں

میں CRUSADER والی اسپرٹ کہلاتی ہے۔ جس بے خوفی حیرت اور بے باکی کے ساتھ وہ ہزاروں کے مجمع کو پھٹکارتے تھے۔ بڑے بڑے لیڈروں کو ڈانٹ دیتے تھے اور پھر انھیں سے خراج تحسین بھی حاصل کرتے تھے۔ یہ انھیں کا وصف تھا اور اسی نے انھیں اردو کا واحد دانشور بنا دیا تھا جس کی ذات میں اتنی صفات مجمع ہو گئی تھیں ان کے کردار کا یہ پہلو ان کے کردار کے سلسلہ کی بہت ساری لغزشوں پر حاوی ہوتا تھا لوگ یہ بھول جایا کرتے تھے کہ فراق صاحب کے بیٹے نے خودکشی کر لی تھی اور بہت ساری محفلوں میں ہنگاموں کا سبب یا ایک نسل کے شعراء کی شراب نوشی کا نفسیاتی محرک اور بہت ساری کجرویوں کے اسباب کے پس منظر میں فراق صاحب کی شخصیت بھی ہوا کرتی تھی۔ انہوں نے جگہ جگہ اپنی ازدواجی زندگی کا رونا رویا ہے ان کی دو بیٹیاں بھی ہیں بیوی بھی بقید حیات ہے اور اس شریف خاتون نے ہندوستان کی سچی پتی ورتا عورت کی طرح کبھی فراق صاحب کو تلخ جواب نہیں دیا۔ البتہ ان کی لاش پر بین کر کے رونے والی اس عورت کی تصویر اخبارات میں ضرور شائع ہوئی مگر یہ ساری باتیں ساری شخصی کمزوریاں سب پس منظر میں چلی جاتی ہیں فراق صاحب کی تاویلات اپنی شراب نوشی اور جنسی کجروی کے جواز کا پہلو فراموش ہو جاتا ہے جب ذہن میں ان کے اشعار کی گونج ابھرتی ہے جب روح کی تاریکی میں ان کے افکار و خیالات کے جگنو اڑنے لگتے ہیں اور جب ان کی آواز کا جادو ان کی مجاہدانہ للکار اردو کے سلسلہ میں ہندوستان کے تمام دانشوروں سے انصاف کا ملے گا اس پر دنیا بھر کے مصائب پڑے اور وہ انہیں اپنے اوپر لادتا گیا اس نے کبھی یہ خواہش نہیں کی کہ کوئی اس کی بڑائی بیان کرے۔ کوئی اس کی عظمت کے گن گائے لہذا سارے لکھنے والوں نے بھی اس کے ساتھ یہی کیا میرے، عسکری، ممتاز حسین اور وہ کون ہے ہاں مجتبیٰ حسین، بھلا بتاؤ کسی نے اس پر کبھی جم کر لکھنے کی کوشش بھی کی وہ

سولہ (۱۶) دلچسپ و یادگار خاکے

درد آشنا چہرے

مصنف: کشمیری لال ذاکر

بین الاقوامی ایڈیشن منظر عام پر آ چکا ہے

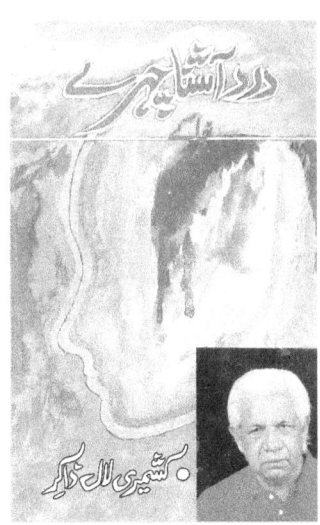

خود بھی بے نیاز تھا۔ اسے پروا بھی نہیں تھی وہ جو بار بار اپنے مضامین میں اپنے اشعار کا حوالہ دیتا تھا اس کا ایک مطلب یہ بھی تھا کہ رقعہ اکر معلوم تھا کہ اس کے بارے میں لکھنا کتنا مشکل ہے جس کی آپ کائناتی کہتے ہیں وہ فراق کی ذاتی بات ہوتی ہے کائنات سمٹ کر فراق ہو گئی تھی اور فراق پھیلتے پھیلتے ایک شعری کائنات بن گیا تھا۔

* * *